CURSO DE ESPAÑOL LENGUA EXTRANJERA

EXPERIENCIAS 8

Encina Alonso
Geni Alonso
Susana Ortiz

B1

LIBRO DEL ALUMNO

índice
EXPERIENCIAS 8

Objetivos

Unidad 1
Pág. 4

¿Y qué pasó entonces?

"Hablar de las primeras experiencias y anécdotas"

Unidad 2
Pág. 16

¿Con qué sueñas?

"Hablar de los sueños"

Competencia lingüístico-pragmática

Pragmática

- Explicar y compartir experiencias
- Contar una anécdota
- Valorar y reaccionar
- Expresar intensidad

Pragmática

- Preguntar por deseos
- Expresar deseos y buenos propósitos
- Formular buenos deseos
- Hacer recomendaciones

Gramática

- Repaso y práctica de los pasados: pretérito perfecto compuesto, simple e imperfecto
- El pretérito pluscuamperfecto
- El superlativo: *-ísimo*.
- Los verbos reflexivos y recíprocos: *levantarse, besarse*...

Gramática

- Presente de subjuntivo: verbos regulares e irregulares: *salir, poder, pensar, tener, etc.*
- *Desear, querer* y *Ojalá* + subjuntivo
- *Es importante, es mejor* + infinitivo
- *Es importante que/es mejor que* + subjuntivo

Léxico

- Adjetivos para valorar y reaccionar
- Adjetivos de carácter
- Relativo al comportamiento social

Léxico

- Relativo al dormitorio
- Relativo al sueño
- Relativo a las bebidas calientes

Competencia sociocultural

- Los estereotipos de los españoles
- Anécdotas de escritores famosos

- Expresar deseos en situaciones sociales
- La cultura de las bebidas calientes

Competencia audiovisual

Españoles por el mundo

Cacao: la bebida de los dioses

Mis experiencias

- Explicar a un extranjero el comportamiento de los españoles
- Escribir una experiencia o una anécdota que he vivido

- Explicar mis deseos antes de llegar a España
- Escribir frases que expresen buenos deseos

Unidad 3 Pág. 28	Unidad 4 Pág. 40	Unidad 5 Pág. 52
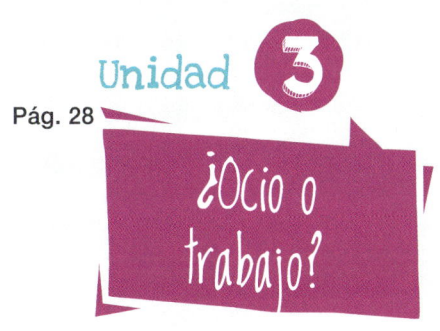 ¿Ocio o trabajo?	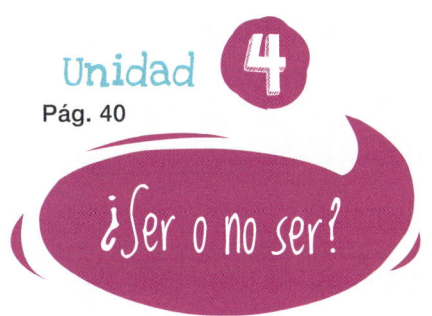 ¿Ser o no ser?	 ¿Viajar siempre es un placer?
" Debatir sobre el ocio en el trabajo "	" Hablar del teatro: personajes, escenarios y guiones "	" Hablar de los viajes "

Competencia lingüístico-pragmática

Pragmática
- Hacer peticiones
- Expresar necesidad
- Comparar cantidades
- Expresar conocimiento o habilidad

Pragmática
- Describir y definir a personas: carácter, físico y estado de ánimo
- Hablar de las circunstancias
- Expresar estados de ánimo
- Expresar cambios

Pragmática
- Expresar emociones en los viajes
- Expresar conocimiento y desconocimiento
- Hablar de situaciones hipotéticas
- Dar consejos y sugerir

Gramática
- *Necesitar/querer/pedir que…* + subjuntivo
- *Más de/menos de* + sustantivo
- *Igual de* + adjetivo/adverbio + *que*
- *Saber algo/mucho de…*
- *Ser bueno/malo/un genio en* + sustantivo
- *Ser bueno/malo/un genio* + gerundio

Gramática
- Usos de *ser*
- Usos de *estar*
- Contraste *ser* y *estar*
- Verbos de cambio: *Volverse, hacerse, convertirse en*

Gramática
- *Estar, poner* y *ponerse* + adjetivo
- *Saber* + *cuánto/si…*
- El condicional simple: regulares e irregulares
- *Debería/podría/tendría que* + infinitivo
- *Yo que tú* + condicional

Léxico
- Actividades de ocio
- Relativo al clima laboral
- Competencias y habilidades

Léxico
- Adjetivos de carácter
- Adjetivos de estados de ánimo
- Relativo al teatro

Léxico
- Emociones y sentimientos
- Relativo a los viajes en avión
- Relativo a los paisajes

Competencia sociocultural

- El derecho al descanso
- La importancia del clima laboral
- La siesta, ¿cultura o necesidad?

- Personajes famosos del teatro universal
- La compañía de teatro *La Fura dels Baus*

- Viajar para descubrir y aprender
- Viajes con encanto

Competencia audiovisual

Bendita siesta | *El amor brujo,* fusión entre lo clásico y lo moderno | El Transcantábrico, un tren de lujo

Mis experiencias

- Explicar mis experiencias en grupos en los que he compartido actividades
- Escribir los grupos que quiero crear para compartir actividades

- Escribir textos cortos sobre mi personaje de teatro favorito y mi escena favorita
- Contar una obra que he visto en España

- Narrar mi experiencia de viaje hasta llegar a España
- Escribir algún consejo para otros estudiantes que hagan el mismo tipo de viaje que yo

Mis experiencias

Unidad 1

Completa tu experiencia al terminar la unidad.

Mis experiencias

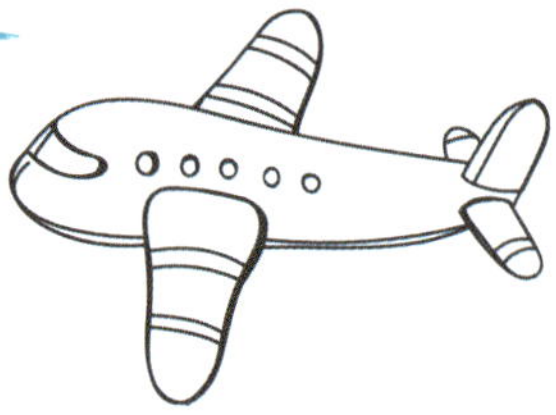

★ ¿Qué le explicas a un extranjero que se traslada a España sobre el comportamiento de los españoles?

★ Escribe una experiencia o una anécdota que has vivido:

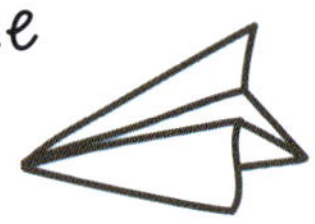

✦ en una clase de español.

✦ en una visita a España.

✦ en una visita a un país hispanoamericano.

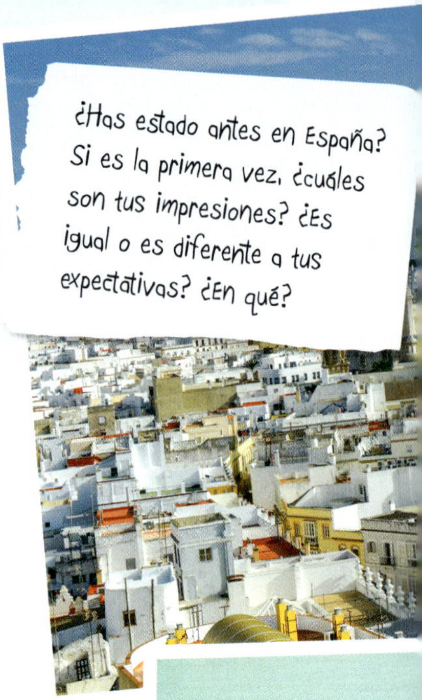

¿Has estado antes en España? Si es la primera vez, ¿cuáles son tus impresiones? ¿Es igual o es diferente a tus expectativas? ¿En qué?

¿Te acuerdas de la primera vez que probaste una comida típica española? ¿Cuál fue? ¿Te gustó?

¿Has viajado por algún otro país latino? ¿Dónde? ¿Cuándo? ¿Qué hiciste allí?

Unidad 1

¿Y qué pasó entonces?

Si no es la primera vez que estás en España, ¿dónde estuviste antes, y qué hiciste?

Objetivo
"Hablar de las primeras experiencias y anécdotas"

¿Has ido a algún museo o a algún concierto en España? ¿Cómo fue tu experiencia?

¿Qué es lo que más te gustaba hacer en tu país, que no puedes hacer aquí?

¿Es la primera vez que haces un curso en esta escuela? ¿Dónde has estudiado antes español? ¿Te acuerdas de tus profesores?

¿Has leído algún libro en español? ¿Te acuerdas del título y de la historia?

Siempre hay una primera vez

A. ¿Quieres conocer a tus compañeros y compañeras? Lee estas tarjetas y escribe otra con algo que quieres saber.

B. Después, sentaos en grupos, preguntad y contestad.

U-1 secuencia 1

1. Las primeras veces

A. ¿Sigues a alguien en un blog, o lees blogs? Maribel tiene un blog y este mes ha escrito una nueva entrada llamada *Primeras experiencias*. En parejas, pensad en las primeras experiencias más importantes y escribidlas.

B. Ahora, lee y escribe los subtítulos que faltan en esta entrada, di si las experiencias que cuenta son positivas o negativas y explica cómo se sentía en cada una. **Ej. 1 y 3, p. 9**

MI BLOG

MI BLOG | ENTRADAS | ARCHIVO | BLOGS QUE SIGO | COLABORACIONES | CONTACTO

Mis primeras experiencias

Todo tiene una primera vez en esta vida. Ja, ja. Sé que me estoy poniendo filosófica, pero hoy he empezado a pensar en esas primeras veces porque ha sido el primer día de colegio de mi hijo.
Ha sido un día muy especial para toda la familia y se quedará en nuestra memoria, porque hemos sentido una mezcla de ansiedad, felicidad y nerviosismo. Todo muy emotivo…
Y ya que he pensado en mis primeras veces, te voy a contar algunas.

A. _____

Cuando entré, fui directamente a Recursos Humanos. Ya había estado en la empresa durante la entrevista, pero no sabía dónde estaba mi mesa. Me recibió todo el departamento para darme la bienvenida. Yo estaba supercontenta.

B. _____

La primera vez que hice un viaje fuera de Europa fue a Nueva York. Como había visto tantas películas y series de televisión americanas, todo me resultaba familiar: los cafés, los taxis, las bolsas de la compra, el metro… ¡Era como estar dentro de una película!

C. _____

Todavía me acuerdo de que quedamos en un café que se llamaba Compañía. Aunque nos habíamos conocido un mes antes, en una cena de amigos, era la primera vez que estábamos solos y yo me sentía muy nerviosa. Todo resultó muy bonito… y ahora ya llevamos ocho años casados.

D. _____

Lo recuerdo perfectamente… ¡qué feliz estaba!
Vivía en una nueva ciudad, los meses anteriores había vivido con compañeros de trabajo, pero por fin tenía un piso para mí sola. Fue la primera vez en mi vida que me sentí completamente libre e independiente…

¿Y tú? ¿Cuáles son tus primeras veces que recuerdas?

---

recordar algo/acordarse de algo son sinónimos.
La diferencia está en la forma:
Recuerdo mi primer día de colegio.
Me acuerdo de mi primer día de colegio.

C. En el texto hay cuatro frases en un nuevo tiempo verbal, el pretérito pluscuamperfecto: subráyalas. ¿A qué otras acciones son anteriores? Después, lee el cuadro y complétalo. **Ej. 2, p. 9**

Pretérito pluscuamperfecto

El **pretérito pluscuamperfecto** se forma con:

El _____ del verbo *haber* y el participio del verbo conjugado.

Expresa una acción o situación en el pasado _____ a otra acción o situación también pasada.

Cuando Cecilia llegó al restaurante, Eneko ya se había ido.

9:10 Eneko
9:15 Cecilia

Eneko se fue a las nueve y diez. Cecilia llegó a las nueve y cuarto.

D. Ahora responde a estas preguntas.
  a. ¿Era la primera vez que Maribel iba a la empresa?
  b. ¿Por qué le parecía estar dentro de una película en NY?
  c. ¿Dónde conoció a su marido antes de quedar con él?
  d. ¿Era la primera vez que Maribel vivía en un piso sin sus padres?

E. ¿Qué había pasado antes? Termina estas frases utilizando el pretérito pluscuamperfecto. Después, pregunta a un compañero por su experiencia.
  a. Al llegar a España probé platos típicos que _____
  b. Me encantó la visita de _____ porque _____
  c. Ayer no pude ir a _____ porque _____
  d. Cuando llegué a España _____

2. Contando experiencias

A. Observa las fotos que se refieren a tres experiencias. En parejas, comentad qué tipo de experiencia creéis que se cuenta en cada una.

B. Ahora, lee lo que cuenta cada persona y cómo valora la experiencia, y relaciónala con la foto adecuada. ¿Qué otros adjetivos utilizas tú para valorarlas? Coméntalo en grupos. **Ej. 4, p. 9**

  a. Organizaban una fiesta importante en mi empresa, había muchísimo tráfico y, aunque había salido muy pronto de casa, llegué después de la cena. ¡Fue una experiencia horrorosa!
  b. Era mi primer concierto y estaba nerviosísima, pero el director se me acercó y me dijo que lo hacía muy bien, que había trabajado mucho y que él también estaba nervioso, que era normal. En fin, me ayudó un montón.
  c. La primera vez que vine a España fue a Madrid, en un viaje de trabajo. Me gustó muchísimo la ciudad y el país y, bueno, seis meses más tarde decidí quedarme a vivir aquí.

alegre   triste   divertida   buena   mala   frustrante   estresante   interesante   motivadora

impresionante   emocionante   increíble   aburrida   terrible

C. Lee este cuadro y añade ejemplos de las experiencias anteriores. `Ej. 5 y 6, p. 9`

Expresar intensidad

- **Muy** + adjetivo o adverbio
- Verbo + **mucho**

_____

- **El superlativo.** Se forma añadiendo -ísimo al adjetivo o al adverbio.

_____

- **Con algunas expresiones coloquiales**
  Me ayudó un montón, que significa *mucho.*

D. Escucha a esta chica contando una experiencia a unos amigos y responde a las preguntas.

a. ¿Qué pasó?
_____
_____

b. ¿Dónde ocurrió y qué hacía allí?
_____
_____

c. ¿Cuándo ocurrió?
_____

d. ¿Qué pasó al final?
_____
_____

e. ¿Qué te parece?
_____
_____

E. Vamos a jugar. Tienes dos minutos para preparar una experiencia inventada basada en las palabras de una de estas tarjetas. Después, se la cuentas a tus compañeros, que reaccionan utilizando los adjetivos de 2. B.

1 CRUZAR — COCHE — GRACIAS — NIÑO

2 APARCAR EL COCHE — POLICÍA — LLAVES — PARQUE

3 SUBIR/BAJAR ESCALERAS — VECINO — SALIDA DE EMERGENCIA

4 PERRO — ESCAPARSE — PARQUE — HELADO

F. ¿Y tus primeras experiencias? Añade un comentario al blog de Maribel y escribe una experiencia. Luego, cuéntala en un grupo pequeño. Puedes elegir...

- tu primer día de trabajo (o de colegio, universidad, etc.),
- tu primer viaje solo o sola (o tu primer viaje al extranjero),
- tu primera cita.
- _____

UNIDAD 1 • secuencia 1

1. Lee la experiencia de esta persona y completa con el tiempo adecuado.

Mi primer viaje a Colombia fue fantástico. Me acompañaban mi hermana y una amiga. Durante el otoño anterior las tres _____ (*hacer*) un curso de salsa y otro de bachata y queríamos practicar.

La primera noche _____ (*ir*) a un local en el centro. Allí _____ (*conocer*) a unos chicos que bailaban de maravilla y que _____ (*ser*) muy simpáticos. _____ (*Volver*) al hotel sobre las cuatro de la mañana. ¡_____ (*Estar*) muy cansadas, pero _____ (*sentirse*) muy felices!

Uno de los chicos _____ (*llamarse*) Fernando y hoy, cinco años después de aquel viaje, es mi marido. En estos años _____ (*volver*) tres veces a Colombia.

2. Escribe frases con el pretérito pluscuamperfecto siguiendo el modelo.

1. Luisa practicó muchas horas. Luisa tocó muy bien en el concierto.
   Luisa tocó muy bien en el concierto porque había practicado muchas horas.

2. Los alumnos leyeron la novela.
   Los alumnos hablaron de la novela con la profesora.

3. Héctor conoció a Pablo en una fiesta.
   Héctor y Pablo se encontraron en un bar.

4. Llovió toda la tarde. Cancelaron el concierto.

5. Estudió dos años español. Se fue a vivir a Cuba.

6. El alumno hizo una pregunta. El profesor respondió.

3. Completa con *recordar* o *acordarse*. ¡Fíjate en las preposiciones!

1. _____ la primera vez que fui a un restaurante mexicano. Me encantó.

2. ¿De verdad no _____ de Paulina? Estaba en nuestra clase de Química.

3. _____ de su nombre, pero no de su apellido.

4. Chicos, _____ completar el formulario al final de la clase, por favor.

5. _____ de mi primer viaje a Sevilla. Me impresionó la ciudad.

6. Cuando volví al pueblo donde nací, _____ muchas cosas de mi infancia.

4. ¿Cómo reaccionas?

¡Qué vergüenza! | ¡Qué pena! | ¡Qué divertido!
¡Pobre! | ¡Qué bien!

1. Se ha muerto mi gato.
2. Tengo dos exámenes esta semana y la entrevista para el trabajo.
3. Este fin de semana viene mi mejor amiga a visitarme.
4. Ayer fuimos a un bar donde había música en directo y todos bailamos.
5. Llegué tarde a la reunión, el jefe se calló y todos me miraron.

5. Elige la opción correcta.

1. Mi mujer ha buscado *mucho/muy* en Internet para encontrar una buena oferta.
2. He terminado el libro y la verdad es que me ha gustado *mucho/muy*.
3. Este fin de semana tengo que trabajar *mucho/muy* y no puedo quedar contigo.
4. No me gusta ir con Enrique en el coche porque conduce *mucho/muy* rápido.
5. Creo que la relación entre Luis y su novia no va *mucho/muy* bien.
6. No, no puedo ir a la conferencia. Dura *mucho/muy* y termina *mucho/muy* tarde.

6. Escribe el superlativo absoluto de estos adjetivos y adverbios.

1. triste: _____
2. malo: _____
3. mucho: _____
4. tarde: _____
5. divertido: _____
6. interesante: _____
7. rápido: _____
8. moderno: _____

U-1 secuencia 2

1. Los españoles en grupo

A. ¿Crees que los españoles son individualistas, o les gusta estar en grupo? ¿En qué son diferentes a las personas de tu cultura? Comenta con tu compañero. Después lee esta entrada de blog y subraya las ideas con las que estás de acuerdo. `Ej. 1, 2 y 3, p. 13`

> Un **chiste** es una pequeña historia que se cuenta para hacer reír. Se dice *contar un chiste*. Una **broma** es algo que se dice o hace, e implica a otra persona. Se dice *hacer una broma a alguien*.

---

http://www.blogdeanecdotascuriosas.es

Blog de ANÉCDOTAS CURIOSAS

¿QUIÉN SOY?   ENTRADAS   IMÁGENES DIVERTIDAS   BLOGS AMIGOS   EL MOTIVO   CONTÁCTAME

¿Cómo se comportan los españoles en grupo? David Morrow

Hace muchos años que vivo en España y todavía me sorprende el carácter de los españoles y, especialmente, cómo se comportan y hablan cuando están en un grupo. Sé que lo que voy a contar está estereotipado, que no todos son así, pero…

Empecemos por decir que a los españoles les encanta estar en grupos grandes, porque son muy sociables. Ahora, vamos a observarlos un poco más de cerca y ver cómo se comportan:

- Si hablan varias personas a la vez, se interrumpen, no dejan terminar las frases de los otros, porque quieren añadir algo y también es una forma de mostrar interés; pero no importa, es su forma de socializar. Todo vale si se está entre amigos.
  ¿Que hablan muy alto, que son muy ruidosos? Pues sí, puede ser verdad, pero es que en los grupos grandes hay que hacerse oír.

- Lo que sí puedes comprobar es que se ríen mucho. Les encanta contarse cosas graciosas que les han pasado, anécdotas curiosas, divertidas o negativas y, muchas veces, chistes. Entonces sí que se escucha a la persona que habla sin interrumpir e incluso se le anima a seguir si se calla.

- Además, reaccionan de una forma muy espontánea, son muy directos al expresar sus opiniones y muy expresivos. Uno de sus pasatiempos favoritos es bromear en casi todas las situaciones.
  Y sí, también se abrazan y se besan cuando se ven o se despiden. Se acercan mucho unos a otros. Es una forma de demostrar cariño, familiaridad. Son muy cariñosos. Y cuando hablan gesticulan, se levantan, hacen gestos relacionados con lo que están diciendo.

- Algo es seguro: cuando los españoles están en un grupo, se divierten mucho.

B. Escucha a estos dos españoles. ¿Están de acuerdo con la persona que ha escrito la entrada de blog? ¿En qué?

C. ¿Crees que es algo habitual generalizar y tener estereotipos sobre otras culturas? ¿Sabes lo que se dice de tu cultura, cómo os ven? Comenta con tus compañeros.

D. Algunos de los verbos en el texto llevan pronombres. Lee el cuadro y busca dos ejemplos más. `Ej. 4, p. 13`

> **Verbos pronominales**
>
> En los **verbos reflexivos** la persona realiza y recibe la acción.
>
> Ejemplo 1: ... todavía me sorprende.
>
> Ejemplo 2: _____
>
> Ejemplo 3: _____
>
> En los **verbos recíprocos** una persona (1) realiza una acción hacia otra persona (2) que a su vez realiza una acción hacia la persona (1).
>
> Ejemplo 1: Se interrumpen.
>
> Ejemplo 2: _____
>
> Ejemplo 3: _____

E. En grupos, primero conjugad los verbos y luego comentad si estas afirmaciones son verdaderas o falsas en España y en vuestros países.

1. Cuando llega el profesor a clase, los alumnos _____ (levantarse).
2. Al despedirnos en una cena de empresa todos _____ (besarse).
3. En los bailes con ritmos latinos, las parejas _____ (acercarse) mucho.
4. Con mis amigos _____ (besarse) más que _____ (abrazarse).
5. Los amigos normalmente _____ (hacerse) muchas bromas unos a otros.
6. En las reuniones de trabajo nosotros _____ (comportarse) formalmente.

2. Narrando anécdotas

A. Mira esta foto: ¿Qué crees que ha pasado? ¿Cuál ha sido la causa? ¿Cómo crees que se sienten las personas? ¿Crees que es una anécdota sorprendente, positiva, negativa, divertida? Coméntalo en clase.

B. Ahora lee cómo el hombre cuenta la anécdota a unos amigos. ¿Es muy diferente a vuestra interpretación?

Pedro: *Pues a mí me pasó una cosa muy divertida. Era mi primer día en el nuevo trabajo e iba en el coche todo nervioso. En un momento, miré el móvil y entonces el semáforo se puso en rojo y no me dio tiempo a parar. De repente choqué con el coche que tenía delante.*

Sonia: *¡Qué mala suerte! ¿Y te pasó algo?*

Pedro: *No, a mí no, pero al coche sí y estaba nerviosísimo. Total, que tuvo que venir la policía y llegué una hora tarde al trabajo. ¡El primer día!*

Paco: *¿Sí?, ¡qué rabia! Pero bueno, tenías una buena excusa…*

Pedro: *Ja, ja. Yo sí, pero resultó que la conductora del otro coche era mi jefa en el nuevo trabajo…*

Sonia: *¡Ay, qué horror! ¿Y qué pasó?*

Pedro: *Pues que nos reímos los dos, ¡era una situación incómoda, pero tan graciosa!*

Paco: *¡Qué casualidad!*

C. Vuelve a leer la anécdota y completa el cuadro con ejemplos de este diálogo. Después escribe el nombre de los tiempos que se usan. Ej. 5, p. 13

Comenzar la anécdota
(El tiempo que se usa es _____)
No vais a creer lo que nos pasó a nosotros...

Situar la anécdota en el tiempo y el espacio
(El tiempo que se usa es _____)
Estábamos en _____
Era un día de verano/ _____

Reaccionar ante lo que cuentan
Expresar sorpresa: ¿Qué me dices?
_____

Expresar algo positivo: ¡Qué romántico!
Expresar algo negativo: ¡Qué vergüenza!
_____ , _____

Pedir aclaraciones sobre lo que cuentan
_____ , _____

Continuar la anécdota
Resulta que _____

Terminar la anécdota
(El tiempo que se usa es _____)
En fin, que...
_____

D. Mira estos tres lugares. En grupos, elaborad las anécdotas con el final que se propone y contádselas al resto del grupo. Ellos tienen que reaccionar.

En una biblioteca

"...y se me cayeron todos los libros."

En un supermercado

"...y cuando fui a pagar no llevaba la cartera."

En una fiesta

"... y tuve que irme a casa a cambiarme de ropa."

UNIDAD 1 • secuencia 2

1. Escribe el verbo que se define. Te ayudamos con la primera letra.

1. Mover principalmente los brazos y las manos al hablar: G_____
2. Mostrar cariño de forma física: B_____ A_____
3. Actuar de una determinada forma: C_____
4. No dejar terminar las frases a la persona que habla: I_____
5. Decir cosas para hacer reír: H_____ bromas, C_____ chistes

2. Relaciona los adjetivos con sus contrarios. Dos adjetivos comparten un contrario y otro se emplea en negativo. ¿Cuáles son?

silencioso | divertido | no es directo | cariñoso
gracioso | sociable | directo | expresivo | solitario
ruidoso | aburrido | inexpresivo | frío

3. Escribe tres de estos adjetivos que para ti describen el carácter de los españoles y tres que definen el carácter de tu país.

1. _____
2. _____
3. _____

1. _____
2. _____
3. _____

4. Clasifica estos verbos en reflexivos o recíprocos y escribe una frase que lo demuestre.

abrazarse | besarse | comportarse | levantarse
divertirse | interrumpirse | reírse | acercarse | contarse

Reflexivos   Recíprocos

5. Completa este diálogo con los pronombres adecuados.

Lucy: ¡Ayer lo pasé fenomenal! Salí con Lola y sus amigos.

Carmen: ¿Y qué hicisteis?

Lucy: Fuimos a cenar y _____ divertimos muchísimo. Tres de las amigas habían hecho un viaje a Japón y contaron sus anécdotas. ¡Ah! Y pasó algo muy gracioso. De repente un chico _____ levantó para hacer _____ una foto con un actor famoso que estaba en la mesa de al lado. ¡Y le besó!

Carmen: ¿Sabes quién era?

Lucy: No, trabaja en una serie de televisión. Lola y yo también _____ acercamos y _____ hicimos una foto con él. Al final todos _____ reímos muchísimo de la situación.

Carmen: ¿Y vosotras también le besasteis?

Lucy: Sí, claro, _____ besamos y _____ abrazamos los tres.

6. Reacciona con sorpresa, como algo positivo o negativo.

1. No pude ir al concierto porque había perdido la entrada. _____
2. En mi nuevo trabajo, la jefa es una compañera de la universidad. _____
3. El sábado fue nuestro aniversario de bodas y fuimos a cenar al restaurante donde decidimos casarnos. _____
4. Ayer se rompió la lavadora y salió agua por todo el cuarto de baño. _____
5. Mi mejor amiga va a vivir en un piso enfrente del mío. _____

7. Completa esta anécdota.

A: No te vas a creer lo que me pasó ayer. _____ en la Gran Vía porque había ido a comprar un nuevo móvil.

B: ¿Otro móvil?

A: Sí, es que lo _____ en el viaje a Canarias.

B: ¡_____! Si era nuevo, ¿no?

A: Pues sí, pero bueno, había unas cámaras de televisión y me _____ una entrevista.

B: ¿Y qué te preguntaron?

A: Precisamente, eso es lo _____ porque me preguntaron con qué frecuencia cambiaba de móvil.

B: ¡Qué bueno! ¡_____!

CREA TU DICCIONARIO propio

Adjetivos

A En la unidad aparecen muchos adjetivos. Clasifícalos en estas dos columnas.

Adjetivos que permiten valorar una situación	Adjetivos que expresan una cualidad o un estado de ánimo
Ejemplo: divertido	Ejemplo: sociable

B Escribe frases con los adjetivos que añadas tú. Pueden ser parte de una anécdota o experiencia.

Más allá de las palabras

Sufijos de adjetivos

-able: *amable*, etc. Provienen de un verbo. Indican la capacidad, la posibilidad o la actitud.

-oso: *silencioso, cariñoso, gracioso*. Se asocian a un sustantivo.

-ado/-ido: *emocionado, divertido*. Provienen del participio de un verbo. Está *emocionado*. Se ha *emocionado*. Es *divertido* o se ha *divertido*.

A. Forma los adjetivos a partir de estos verbos y sustantivos, con uno de estos sufijos. Comprueba tus respuestas con un diccionario.

aceptar | agradecer | variar | nervio
conocer | adaptar | degradar | pensar
deprimir | parecer | cuidar | afirmar
producir | respetar | orgullo

B. En la unidad hemos visto el sufijo para formar el superlativo absoluto en *-ísimo* o *-ísima*. Escoge tres de los adjetivos, forma el superlativo y empléalo en frases para definir alguna de tus primeras experiencias.

Federico García Lorca

(España, 1898-1936). Escribió poesía, teatro y prosa. Fue asesinado al comienzo de la Guerra Civil española.

Jorge Luis Borges

(Argentina, 1899-1986). Escribió cuentos, ensayos y poemas con influencias filosóficas, matemáticas y simbólicas.

Anécdotas de escritores famosos

EXPERIENCIA CULTURAL

El humor, la ironía, no son siempre fáciles de comprender, y más en una lengua extranjera. Una de las razones es que muchas veces consisten en juegos de palabras o en cosas que se supone que sabemos.

A Lee estas tres anécdotas y di cuál te parece más divertida.

> Lorca escuchaba a Rubén Darío, que en un momento dado recitó el siguiente verso: ...que púberes canéforas te ofrenden al acanto. El poeta granadino se levantó entonces y dijo:
> —A ver, otra vez, por favor, que solo he entendido el "que".

> Valle-Inclán tuvo que declarar ante un juez. Después de decir su nombre y su profesión, el diálogo siguió de esta manera:
> —¿Sabe leer y escribir?
> —No.
> —Me extraña la respuesta.
> —Más me extraña a mí la pregunta.

> Borges se encontraba en el funeral de su madre, Leonor Acevedo de Borges, cuando una mujer se le acercó a darle el pésame:
> —Pobre Leonorcita, morirse tan poquito antes de cumplir los 100 años. Si hubiera esperado un poquito más...
> —Veo, señora, que es usted devota del sistema decimal —replicó el escritor.

B Ahora contesta las preguntas.

1. ¿Por qué Lorca no había entendido casi nada del verso?
2. ¿Por qué hace Borges una referencia a las matemáticas?
3. ¿Crees que Valle-Inclán no sabía leer y escribir? ¿Por qué contesta así?

Rubén Darío
(Nicaragua, 1867- 1916). Escribió principalmente poesía. También fue periodista y diplomático. Se le considera un representante del Modernismo.

C Entonces... ¿dónde está la ironía y el humor de los que hablamos?

Ramón del Valle-Inclán
(España, 1866-1936). Escribió teatro, poesía y novela. Asimismo, representante del Modernismo y cercano al movimiento literario de la Generación del 98.

D ¿Conoces tú alguna anécdota de una persona famosa? Cuéntala a la clase.

Mis experiencias
Unidad 2

Completa tu experiencia al terminar la unidad.

Mis experiencias

✳ Escribe en esta nube los deseos que tenías antes de venir a España y/o antes de empezar este libro.

> Quería comer platos típicos, me encanta comer...

✳ Escribe algunos deseos que ya se han cumplido.

_____
_____
_____

✳ Escribe las frases de "buenos deseos" que has usado desde que estás en España.

_____
_____
_____

✳ ¿Qué experiencias quieres tener a partir de ahora? ¿De viajes? ¿Culturales?

✪ Quiero...

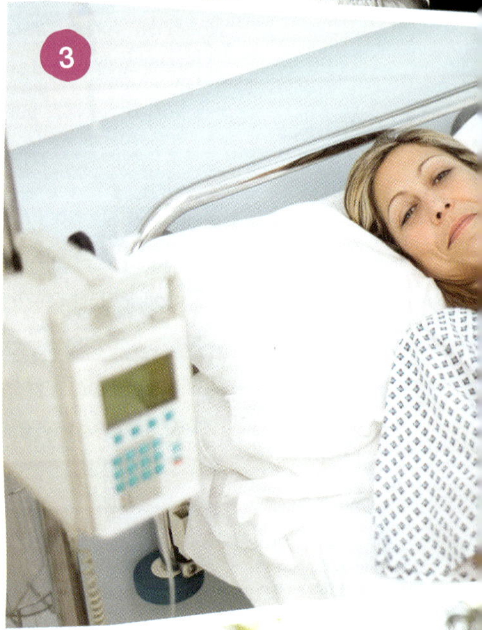

_____
_____

Unidad 2

¿Con qué sueñas?

Objetivo: Hablar de los sueños

¡Buenos deseos!

A. Mira las fotos y comenta en clase: ¿Dónde están estas personas? ¿Qué están haciendo o qué van a hacer?

B. Ahora, lee los buenos deseos y decide para qué situación son más adecuados, relaciónalos con las fotos. ¿Conoces expresiones para otras situaciones en español?

- ☐ ¡Buen viaje! ¡Que lo paséis muy bien!
- ☐ ¡Buen provecho!
- ☐ ¡Que te mejores!
- ☐ ¡Felicidades!
- ☐ ¡Que tengas suerte!
- ☐ ¡Enhorabuena! ¡Que seáis muy felices!
- ☐

C. ¿En vuestro país se expresan buenos deseos en estas situaciones? ¿Y en otras? Piensa en dos situaciones y, con otra persona, intenta traducirlas al español.

U-2 Secuencia 1

1. Los sueños

A. Lee esta cita y comenta con tu compañero si estáis de acuerdo con ella.

No es cierto que la gente deje de perseguir sus sueños porque se hace mayor. Se hace mayor porque deja de perseguir sus sueños.

Gabriel García Márquez. Escritor colombiano

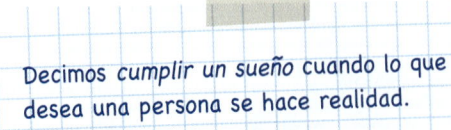

Decimos *cumplir un sueño* cuando lo que desea una persona se hace realidad.

B. La revista *Sueños* ha hecho una entrevista a Míriam Ramos. Lee el título y mira la foto. ¿De qué crees que va a hablar? ¿Y tu compañero/a?

C. Ahora lee la entrevista y di si estas frases son verdaderas (V) o falsas (F).

a. Míriam, de pequeña, quería ser exploradora o aventurera.
b. Cuando trabajaba como guía en Madrid, empezó a estudiar Turismo.
c. Escribe guías de viaje.
d. Escribir su blog es uno de sus sueños o deseos.
e. En el blog quiere también que la gente comparta sus experiencias.
f. Míriam piensa que viajar te hace más empático.

LA ENTREVISTA / Míriam Ramos

Soñar con los ojos abiertos

Entrevistador: Buenas tardes, Míriam. Enhorabuena por tu nueva guía sobre Centroamérica. Seguro que muchos de tus lectores se preguntan cuándo empezó tu pasión por viajar.

Míriam Ramos: Muchas gracias. Bueno, cuando era pequeña, me encantaba leer, especialmente libros de aventuras. Yo quería ser la protagonista, deseaba explorar, viajar a otros países y vivir las historias como en los libros. Como viajar no es una profesión, pues estudié Turismo, y después empecé a trabajar como guía turística en Madrid. Eso era lo más cercano a mi sueño. Durante mis vacaciones viajaba y escribía mis libros de viajes. Dos años después empecé a publicarlos.

Entrevistador: ¿Crees que tu sueño de exploradora se ha cumplido?

Míriam: Claro que sí. Aunque no soy exploradora, sí soy viajera y los viajes son pequeñas aventuras. Ahora, con mis libros, deseo que otras personas **viajen** y **vivan** las mismas experiencias que he vivido yo, ya que mis guías se basan en mi propia experiencia. Escribo las guías porque quiero que las **lea** mucha gente. La verdad es que tienen mucho éxito, ¿qué más puedo pedir?

Entrevistador: ¿Tienes todavía sueños para el futuro?

Míriam: Sí, es fundamental tener sueños y levantarse cada mañana con una ilusión. Si no, la vida pierde el sentido. Ahora quiero empezar un blog de viajes. Es una nueva aventura, porque significa saltar al formato digital, pero tengo muchas ganas, va a ser todo un reto. En mi blog espero que la gente **participe** y **escriba** experiencias de sus viajes. Ojalá pueda poner en contacto a personas para viajar juntas, para hacer intercambios de casas...

Entrevistador: Bueno, y tú, que viajas por tantos países, ¿qué deseos tienes para el mundo?

Míriam: Deseo que el mundo sea un poco mejor en el futuro: que haya menos violencia y más paz. También quiero que la gente **piense** más en los demás, que sea más generosa, más empática. Cuando viajas, por ejemplo, ves cómo viven otras personas, conoces otras culturas, otras costumbres, empiezas a entender que hay maneras diferentes de hacer las cosas, puedes ponerte en su lugar. Y, si puedo ser un poco egoísta, espero tener más tiempo para viajar.

Entrevistador: Míriam, ¡que vaya muy bien tu blog, que tengas mucho éxito!

Míriam: Muchas gracias, espero que sí.

D. ¿Cuando vas de viaje, ¿sueles comprar una guía o un libro sobre el país? ¿Miras en algún blog de viajes? ¿Tienes alguno favorito? Coméntalo en clase.

2. Expresar deseos

A. En la entrevista, Míriam expresa varios deseos. Los verbos en negrita están en presente de subjuntivo. Observa el cuadro y complétalo. ¿Qué diferencias ves con el presente de indicativo? `Ej. 1 p. 21`

> **Deseo que otras personas viajen y vivan las mismas experiencias que he vivido yo [...]**

> **Escribo las guías porque quiero que las lea mucha gente.**

	VIAJAR		LEER		VIVIR	
	Presente indicativo	Presente subjuntivo	Presente indicativo	Presente subjuntivo	Presente indicativo	Presente subjuntivo
yo		viaje	leo			
tú	viajas	viajes		leas	vives	vivas
él, ella, usted			lee			
nosotros/as	viajamos	viajemos				
vosotros/as			leéis		vivís	viváis
ellos/as, ustedes	viajan			lean	viven	

B. En presente de subjuntivo los verbos tienen la misma irregularidad que en presente de indicativo. Busca en la entrevista el subjuntivo de estos verbos. ¿Puedes decir la forma completa? `Ej. 2 y 3 p. 21`

Poder	Pensar	Tener
___	___	___
___	___	___
___	___	___
podamos	___	___
___	penséis	___
___	___	tengan

C. Ahora, completa con los tres verbos irregulares del texto. Después, escribe el infinitivo de los que están en subjuntivo.

Subjuntivo	Infinitivo
___	ser
___	ir
___	haber
sepa	___
esté	___
vea	___
dé	___

D. A continuación, busca en la entrevista ejemplos para expresar deseos con estas estructuras.

EXPRESAR DESEOS

Estructura o expresión

Ojalá + (que) + subjuntivo
Ojalá pueda escribir mi blog.

Una frase simple, con un solo sujeto
Deseo/quiero/espero + infinitivo
___

Dos frases diferentes con dos sujetos diferentes
Deseo/quiero/espero + que + verbo en subjuntivo
___

Fórmula para felicitar, animar, etc.
¡Que + subjuntivo!
___

Para expresar un deseo se utiliza ojalá (que). Procede del árabe Insha'Allah y significa Si Dios quiere.

Secuencia 1 U-2

E. Ahora, haz la entrevista a dos personas formulando las mismas preguntas que a Míriam Ramos. `Ej. 4, 5 y 6, p. 21`

1. ¿Qué querías ser cuando eras pequeño/a?
2. ¿Crees que tu sueño se ha cumplido?
3. ¿Tienes sueños para el futuro?
4. ¿Qué deseos tienes para el mundo?

F. Formula un buen deseo para cada uno de tus compañeros y compañeras, en relación con lo que te han contado. De los deseos que te han dicho, ¿cuál te gusta más?

> Cuando se formula un buen deseo *que* va sin tilde porque es conjunción.
> ¡Que te vaya muy bien en el viaje!
> ¡Que disfrutes mucho!

3. Buenos propósitos

A. ¿Cómo interpretas la frase *Año nuevo, vida nueva*? Coméntalo en clase.

Yo creo que significa que siempre en enero...

B. Ahora vosotros vais a crear el árbol de los propósitos y deseos.

> Los buenos propósitos de la gente giran en torno a sí misma: son intenciones de tener una vida más sana, tener más vida social, etc.
> *Deseo adelgazar, Deseo tener más tiempo para los amigos, etc.*
> También podemos desear cosas para los demás.
> *Deseo que mi hermano apruebe su examen.*
> *Deseo que haya paz en el mundo.*

a. Escribid vuestros deseos en este árbol.
   - Un deseo personal
   - Un deseo para un compañero o una compañera y escribid su nombre
   - Un deseo para la clase
   - Un deseo para el mundo

b. Leed los deseos que han escrito los demás. Elige y coge el que tiene tu nombre y otro que te gusta especialmente.

c. Compartid con la clase el deseo que habéis elegido.

EJERCICIOS

UNIDAD 2 • secuencia 1

1. Completa la tabla de verbos regulares en subjuntivo.

trabajar	comer	vivir
	comas	
		viva
trabajemos		
	comáis	
		vivan

2. Escribe la primera persona de estos verbos en presente de indicativo. Después, escribe al lado la primera del subjuntivo.

1. tener
2. decir
3. venir
4. hacer
5. salir
6. conocer
7. conducir
8. poner

3. Completa la tabla de estos verbos irregulares.

poder	pensar	tener	pedir
	piense	tenga	pida
pueda			
	pensemos		
podáis		tengáis	

4. Transforma estos deseos personales en deseos para otro.

1. Quiero viajar a muchos países. *Quiero que este año mis padres viajen a otro país.*
2. Deseo tener un trabajo interesante. _____
3. Espero poder vivir en un lugar bonito. _____
4. Quiero ser una persona tolerante. _____
5. Deseo saber hablar muchas lenguas. _____
6. Espero estar bien con mi familia. _____

5. Completa las frases de Míriam con estos verbos en infinitivo o subjuntivo: escribir, compartir, disfrutar, leer (2), gustar, ser.

En el futuro quiero _____ un blog y ojalá que lo _____ mucha gente, porque deseo _____ famosa. ¿Queréis _____ mis experiencias? ¿Queréis _____ mi blog? Espero que os _____. ¡Que lo _____!

6. Míriam va a viajar un año por el mundo. Escribe cinco deseos para ella.

1. _____
2. _____
3. _____
4. _____
5. _____

7. ¿Qué buenos deseos formulas para estas personas en estas situaciones?

1. En un cumpleaños _____
2. En una visita a un hospital _____
3. Cuando una persona está comiendo _____
4. En una boda _____
5. Cuando alguien tiene que hacer un examen _____
6. Cuando una persona se va de viaje _____

U-2 Secuencia 2

1. Mi habitación

A. ¿Qué te gusta de tu dormitorio? ¿Crees que tiene un buen ambiente para dormir? Explícalo como en el ejemplo.

Mi habitación es muy tranquila porque en mi calle no hay mucho ruido.

> Cuando hablamos de mi **habitación** nos referimos al **dormitorio**.

B. Lee este artículo de la revista *Vivir* y marca las recomendaciones de las que habla.

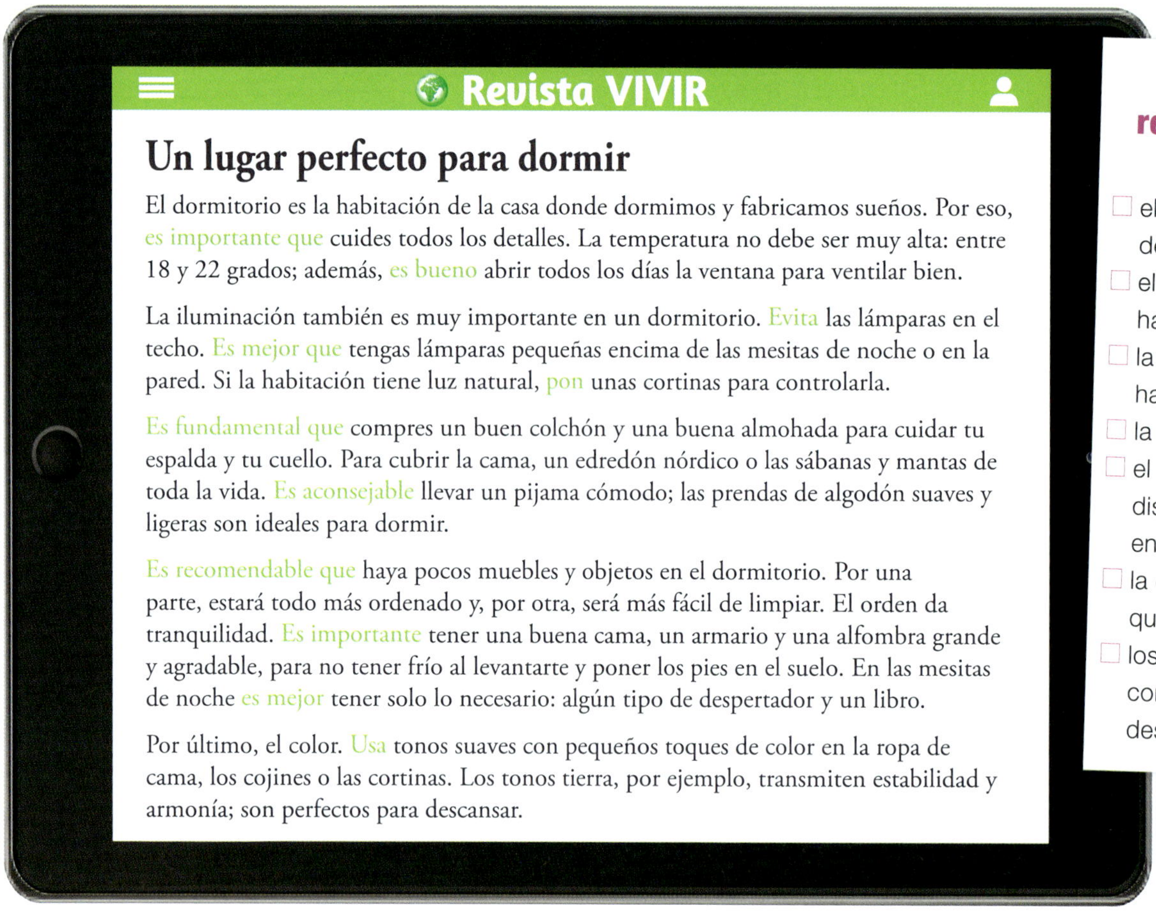

Revista VIVIR

Un lugar perfecto para dormir

El dormitorio es la habitación de la casa donde dormimos y fabricamos sueños. Por eso, es importante que cuides todos los detalles. La temperatura no debe ser muy alta: entre 18 y 22 grados; además, es bueno abrir todos los días la ventana para ventilar bien.

La iluminación también es muy importante en un dormitorio. Evita las lámparas en el techo. Es mejor que tengas lámparas pequeñas encima de las mesitas de noche o en la pared. Si la habitación tiene luz natural, pon unas cortinas para controlarla.

Es fundamental que compres un buen colchón y una buena almohada para cuidar tu espalda y tu cuello. Para cubrir la cama, un edredón nórdico o las sábanas y mantas de toda la vida. Es aconsejable llevar un pijama cómodo; las prendas de algodón suaves y ligeras son ideales para dormir.

Es recomendable que haya pocos muebles y objetos en el dormitorio. Por una parte, estará todo más ordenado y, por otra, será más fácil de limpiar. El orden da tranquilidad. Es importante tener una buena cama, un armario y una alfombra grande y agradable, para no tener frío al levantarte y poner los pies en el suelo. En las mesitas de noche es mejor tener solo lo necesario: algún tipo de despertador y un libro.

Por último, el color. Usa tonos suaves con pequeños toques de color en la ropa de cama, los cojines o las cortinas. Los tonos tierra, por ejemplo, transmiten estabilidad y armonía; son perfectos para descansar.

El artículo da recomendaciones sobre…
- ☐ el ambiente ideal para el descanso.
- ☐ el tamaño de la habitación.
- ☐ la iluminación de la habitación.
- ☐ la ropa de cama.
- ☐ el uso de los dispositivos electrónicos en el dormitorio.
- ☐ la cantidad de muebles que debes tener.
- ☐ los colores más convenientes para el descanso.

C. Clasifica las palabras relacionadas con el dormitorio. Después compara con tu compañero o compañera: ¿podéis añadir alguna palabra más? `Ej. 1 y 2 p. 25`

Ambiente

Muebles, objetos y decoración

Ropa de cama

D. En grupos de tres, cada uno describe su habitación.
Puedes hablar de todos los temas que se tratan en el artículo: el ambiente, la iluminación, etc.

E. Ahora observa las diferentes recomendaciones marcadas en verde y escribe ejemplos en este cuadro. `Ej. 3 y 4, p. 25`

Hacer recomendaciones
Hacer recomendaciones personales   Es + adjetivo + que + _____
Hacer recomendaciones más generales   Es + adjetivo + infinitivo
Imperativo
Adjetivos para hacer recomendaciones   Es + recomendable, _____, _____,   _____, _____

F. Imagina que tu compañero quiere decorar su salón. Escribe seis recomendaciones. En grupos, elegid las cinco mejores recomendaciones.

Es importante que compres un sofá cómodo.

2. ¿Qué puedo hacer?

A. Algunas personas tienen problemas de sueño y deciden consultar a un experto. Hoy tenemos en el programa a Encarna, que va a responder a unas preguntas.

 a. Escucha a Pablo, Lorena y Nico. ¿Quién de ellos tiene estos problemas?
  - Tiene pesadillas (malos sueños).
  - Se despierta y no puede volver a dormirse.
  - Cuando se acuesta tarda mucho en dormirse.

> Usamos el verbo *dormirse* para referirnos al momento de iniciar el sueño, de empezar a dormir.

 b. En parejas, pensad en dos recomendaciones para cada persona.

Pablo
Nuestras recomendaciones:
_____
_____

Las de Encarna:
_____
_____

Lorena
Nuestras recomendaciones:
_____
_____

Las de Encarna:
_____
_____

Nico
Nuestras recomendaciones:
_____
_____

Las de Encarna:
_____
_____

 c. Ahora escucha y toma nota de las recomendaciones de Encarna, la experta. ¿Te parecen buenas recomendaciones? ¿Se parecen a las vuestras?

B. Después, comentad en clase si conocéis a alguien que tenga estos u otros problemas. ¿Podéis hacer recomendaciones?

3. El decálogo para dormir bien

A. Para dormir bien es necesario tener una buena rutina. Lee lo que sugiere esta página web y comenta con tu compañero: ¿Tenéis rutinas similares? ¿Podéis añadir alguna más? Ej. 5 y 6, p. 25

> Yo durante la semana me acuesto y me levanto a la misma hora, pero los fines de semana...

> Yo siempre leo antes de dormir...

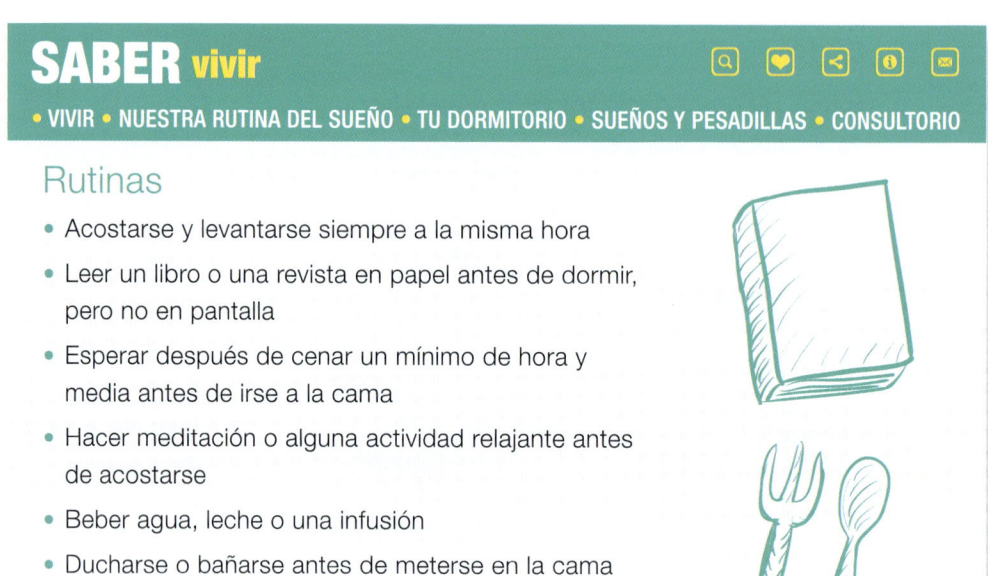

SABER vivir

• VIVIR • NUESTRA RUTINA DEL SUEÑO • TU DORMITORIO • SUEÑOS Y PESADILLAS • CONSULTORIO

Rutinas

- Acostarse y levantarse siempre a la misma hora
- Leer un libro o una revista en papel antes de dormir, pero no en pantalla
- Esperar después de cenar un mínimo de hora y media antes de irse a la cama
- Hacer meditación o alguna actividad relajante antes de acostarse
- Beber agua, leche o una infusión
- Ducharse o bañarse antes de meterse en la cama
- _____

B. La marca *Dulces Sueños* quiere diseñar una nueva caja para promocionar sus infusiones y quiere escribir recomendaciones. ¿Puedes ayudarles? En grupos de tres, escribid un decálogo para dormir mejor.

Puedes hablar...

- del dormitorio
- de las actividades o la rutina antes de dormir
- de lo que comes o bebes antes de acostarte

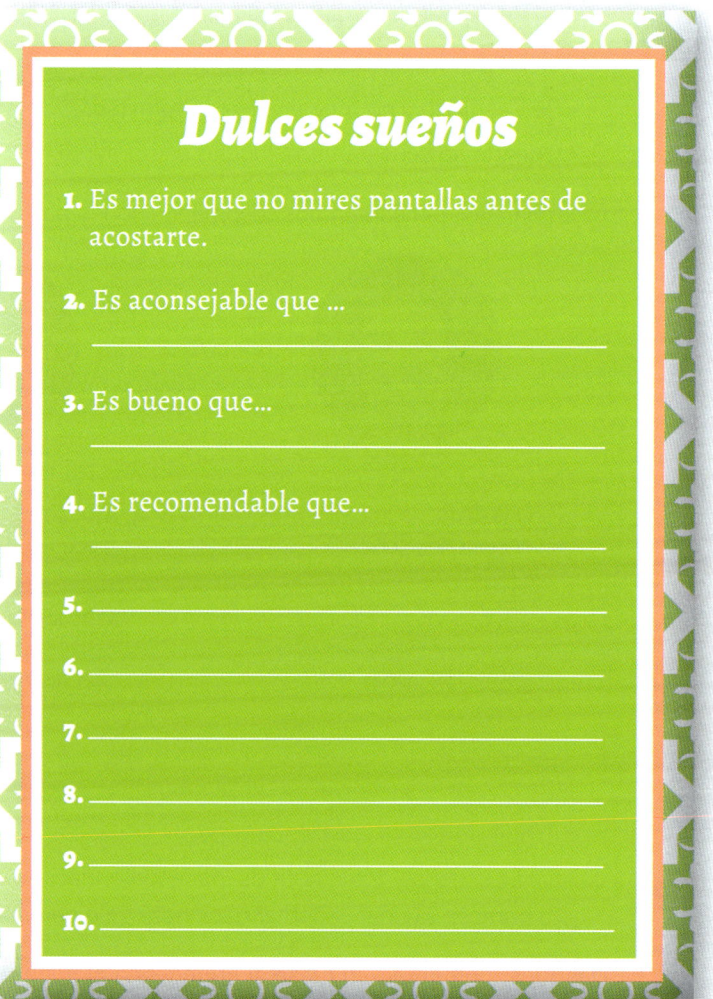

Dulces sueños

1. Es mejor que no mires pantallas antes de acostarte.
2. Es aconsejable que ... _____
3. Es bueno que... _____
4. Es recomendable que... _____
5. _____
6. _____
7. _____
8. _____
9. _____
10. _____

EJERCICIOS

UNIDAD 2 • secuencia 2

1. Escribe la palabra que corresponde a cada definición.

1. Es un mueble que se pone al lado de la cama: _____

2. Se ponen delante de las ventanas para controlar la luz: _____

3. Nos lo ponemos para dormir: _____

4. Es mejor regularla para no tener frío ni demasiado calor: _____

5. Está en la cama y encima ponemos las sábanas: _____

6. Ponemos la cabeza encima para dormir: _____

2. Relaciona las dos columnas para hablar del dormitorio.

1. cuidar   a. natural
2. luz   b. de cama
3. mesita   c. de noche
4. toque   d. nórdico
5. ropa   e. los detalles
6. ventilar   f. la habitación
7. edredón   g. de color

3. ¿Qué recomiendas a una persona que quiere cambiar su dormitorio? Elige la opción correcta.

1. Es importante _____ una buena cama.
   a. que compras   b. que comprar   c. que compres

2. Para controlar la luz, _____ unas cortinas.
   a. pones   b. pon   c. poner

3. Es aconsejable _____ pocos muebles.
   a. haber   b. haya   c. que haya

4. Es mejor _____ la habitación con colores suaves.
   a. pinta   b. que pintes   c. que pintas

5. _____ las lámparas grandes.
   a. Que evites   b. Evitas   c. Evita

6. Es mejor _____ una al lado de la cama.
   a. que pongas   b. pon   c. pones

4. Completa libremente estas recomendaciones.

1. Me duele la espalda → Es recomendable que _____

2. ¿De qué material me compro el pijama? → Es mejor que _____

3. ¿Pongo cortinas en el salón? → Es importante que _____

4. Tengo muchas cosas en la habitación. → Es aconsejable que _____

5. ¿Pongo más muebles en el salón? → No, es mejor que _____

6. Tengo que pintar mi habitación. ¿Qué color elijo? → Es recomendable que _____

5. Escribe dos recomendaciones sobre los dormitorios.

Dos personales:
1. _____
2. _____

Dos más generales:
1. _____
2. _____

Dos con imperativo:
1. _____
2. _____

6. La escuela en la que estudias español quiere escribir recomendaciones para los alumnos. ¿Puedes ayudarles a escribir el folleto?

8 recomendaciones para aprender español

Habla español

1. *Es recomendable que…*
2.
3.
4.
5.
6.
7.
8.

CREA TU DICCIONARIO propio

Mi dormitorio

 A Dibuja tu dormitorio y escribe todas las palabras que relacionas con él.

B Intenta buscar una manera de recordar mejor las palabras que habías olvidado. Aquí tienes varias ideas:

- Escribe varias veces la palabra para recordarla.
- Haz un dibujo que te ayude a recordarla.
- Escribe una frase con ella.

Más allá de las palabras

Las palabras en el diccionario

Las palabras, muchas veces, tienen varios significados. Por eso, cuando buscamos en el diccionario no podemos quedarnos con la primera definición.

A. Lee estas frases y decide a qué definición de la palabra *sueño* se refieren.

1. M. Luther King: *Tengo un sueño.*
2. He dormido fatal. Tengo mucho sueño.
3. ¿Te acuerdas de tus sueños?
4. Los adultos necesitan entre siete u ocho horas de sueño.

a. Acto de dormir.
b. Ganas o deseo de dormir.
c. Imágenes o historias fantásticas que ocurren mientras dormimos.
d. Proyecto ideal, deseo o ilusión.

B. Más sobre los sueños...

1. (Estoy que) me muero de sueño/me caigo de sueño.
   Esta frase se usa en un contexto familiar o coloquial, pero ¿qué significa?
   a. Que tengo un poco de sueño.
   b. Que tengo sueño.
   c. Que tengo muchísimo sueño.

2. ¿Qué verbo significa *conseguir un sueño*?
   a. He tenido mi sueño.
   b. He cumplido mi sueño.
   c. He tenido éxito en mi sueño.

EXPERIENCIA CULTURAL

La cultura de las bebidas calientes

Las tradiciones están cambiando

En España, durante muchos años, el café y el chocolate fueron las bebidas calientes más habituales. La costumbre de tomar café llegó a España a través de Italia en el siglo XVIII, aunque su origen está en África. El chocolate llegó de América, de la mano de Hernán Cortés, en el siglo XVI y, poco a poco, se convirtió en una de las bebidas favoritas, primero de la alta sociedad y el clero, y ya en el siglo XVIII se popularizó entre todos los españoles. La bebida de cacao caliente (chocolate) se toma en muchos lugares del mundo. Sin embargo, el chocolate a la taza español es mucho más espeso. Se suele tomar a veces el domingo para desayunar o alguna tarde para merendar. Normalmente se acompaña con churros.

Los españoles toman café a todas horas (en taza o en vaso): para desayunar, a media mañana, después de comer, a media tarde, e incluso una tacita después de cenar para los valientes que no tienen miedo al insomnio. También se toma de mil maneras: solo (con cafeína, descafeinado de máquina o de sobre), cortado o con leche (fría, caliente, templada, desnatada, semidesnatada, de soja…), manchado (con espuma), bombón (con leche condensada), americano, irlandés, etc.

Las infusiones, en cambio, siempre han estado más relacionadas con un aspecto más medicinal. Desde la clásica manzanilla para el dolor de estómago, hasta la tila, para superar estados de nervios o ansiedad, existen muchas otras variedades de plantas medicinales. Quizá una de las infusiones que más se toman en España es el poleo-menta.

Sin embargo, en los últimos años, debido en parte a la globalización y también a que la gente viaja más, las cartas de bebidas calientes han incorporado nombres de tés y otras bebidas que antes nos parecían muy exóticas. Estas bebidas proceden de diferentes países o zonas geográficas. Tenemos, por ejemplo, el *rooibos,* que viene de muy lejos, concretamente de Sudáfrica. Los diferentes tipos de té, todos procedentes de la planta *Camellia sinensis*, parece que tienen su origen en China. Las infusiones de plantas medicinales se encuentran en muy diferentes lugares y países.

La influencia de la cultura árabe en España, durante casi ocho siglos, también nos dejó muchos productos, platos y bebidas que ya están incorporados en nuestra cultura. Si vas a Andalucía, no te puedes perder las teterías árabes, en las que se sirve té con menta y otras deliciosas bebidas acompañadas de algunos dulces árabes.

Beber infusiones, tés, *rooibos*, chocolate o café es como darse un paseo de sabores por el mundo.

Té de menta

A ¿Cuáles de estas bebidas calientes te gustan? ¿Con qué frecuencia las tomas? ¿Cuándo? ¿Para qué? ¿Tomas otras diferentes? Comentadlo en pequeños grupos.

B En grupos de tres, responded a estas preguntas.

a. ¿Cuáles creéis que son las que más se beben en España?
b. ¿De qué país son originarias?
c. ¿Qué diferencia hay entre un té y una infusión?
d. ¿Sabes qué es una tetería?

C ¿Cómo se toman el café y el chocolate en tu país? ¿Qué otras bebidas calientes se toman? ¿Se han tomado siempre, o son bebidas que se han introducido hace poco tiempo? Comentadlo en pequeños grupos.

Mis experiencias

Unidad 3

Completa tu experiencia al terminar la unidad.

Mis experiencias

✈ En la ciudad donde estudias español o en tu ciudad:
Cuenta la experiencia que has tenido en grupos que comparten actividades.

Grupos en los que he estado	Grupos que quiero crear
Grupo Grupo de estudio en la sección Idiomas	**¿Cuáles son tus peticiones y/o necesidades?** Los estudiantes de español necesitamos...
Dónde Me he apuntado en la web/la escuela.	**Grupo** Arte
Actividad Hacer un intercambio de español/inglés	**Dónde** En la escuela
Descripción de la actividad Quedamos en un bar, elegimos un tema de conversación...	**Actividad** Visitar museos de la ciudad...
Valoración Me ha gustado mucho/ No me ha gustado	**Descripción de la actividad**

---

1 Naturaleza y viajes
Asistir a una feria de Turismo

2 Cine y teatro
Programar un festival de cine

7 Comida
Apuntarse a un taller de cocina oriental

8 Mascotas
Dar una charla sobre cómo educar a los perros

Unidad 3
¿Ocio o trabajo?

3 Belleza y salud
Enseñar a maquillar

5 Idiomas
Hacer un intercambio de idiomas

6 Arte, fotografía y vídeos
Grabar un reportaje urbano

4 Deportes
Entrenar a un equipo de fútbol

9 Música
Montar un grupo de música

Objetivo
Debatir sobre el ocio en el trabajo

Compartamos aficiones

A. Comentad en grupo estas actividades. ¿Las habéis hecho alguna vez? ¿Cuál os gustaría hacer?

Yo nunca he dado una charla sobre cómo educar a los perros, pero sí he ido a un curso de entrenamiento para perros.

B. Lee las opiniones de estas personas sobre el tiempo libre. ¿Con quién estás más de acuerdo? ¿Por qué?

a. «Para mí, cocinar los fines de semana no es una obligación, porque me encanta y me relaja». Gustavo

b. «Yo en mi tiempo libre hago senderismo y cuando llego a casa estoy muy cansada, pero me siento muy bien». Valeria

c. «El tiempo de descanso es para descansar, no para hacer tareas domésticas o deportes extremos». Carolina

d. «Yo soy guía turístico, y cuando tengo tiempo libre no visito monumentos, prefiero hacer otras actividades diferentes». Simón

e. «A mí me encanta aprender a hacer cosas en mi tiempo libre. Siempre me apunto a cursos que me interesan. Además, así conozco a gente». Ángeles

U-3 Secuencia 1

1. Descanso para todos

A. ¿El descanso es para ti un derecho? ¿Por qué? Lee el artículo y busca las respuestas a estas preguntas.

a. ¿Qué incluye el derecho al descanso?

b. ¿Cómo ayudan el descanso y el disfrute del tiempo libre al progreso social? ¿Quiénes son los responsables?

c. ¿Por qué resulta vital para el bienestar social conciliar vida personal y trabajo? ¿Qué soluciones se pueden proponer para ello?

d. Compartir el tiempo libre favorece la convivencia: ¿por qué?

SALUD Y MÁS 05

Mucho más que un derecho al descanso

SALUD Y MÁS 06

Cuando hablamos del derecho al descanso, debemos recordar que el artículo 24 de la Declaración Universal de los Derechos Humanos de 1948 afirma que «toda persona tiene derecho al descanso, al disfrute del tiempo libre, a una limitación razonable de la duración del trabajo y a vacaciones periódicas pagadas». Concretamente, el artículo 43 de la Constitución española garantiza a su población el derecho al descanso con una adecuada utilización del ocio. Esto conlleva el derecho a formar parte de la vida cultural, a disfrutar de las artes y participar en el progreso social de la comunidad con libertad. Por este motivo, es importante motivar la creación de proyectos culturales y educativos en la ciudad. Para ello, las instituciones públicas deben invertir económicamente en centros culturales, espacios recreativos, profesionales del ocio y en la creación de proyectos para la comunidad. Los ciudadanos, por su parte, deben disfrutar del ocio con respeto, aprender a convivir y enriquecerse con la diversidad cultural, proponer nuevas iniciativas y reclamar sus derechos si es necesario.

Por otra parte, los ciudadanos deben tener un tiempo de descanso dentro de la jornada laboral para poder relajarse, dedicarse a sus aficiones, realizar sus tareas en casa y estar con la familia. Compatibilizar vida personal y trabajo es vital para tener una buena calidad de vida. Desgraciadamente, en España no siempre se cumple y muchas personas tienen malos horarios de trabajo, jornadas laborales largas, poco tiempo de descanso y vacaciones insuficientes. Como resulta importante conciliar la vida laboral y familiar, las empresas deben flexibilizar los horarios, las escuelas deben reducir el número de horas de escolarización y los deberes, y las administraciones públicas deben garantizar una buena oferta de actividades de ocio para todos los ciudadanos.

El descanso es muy importante, porque, además de mejorar la salud física y emocional, favorece las relaciones entre las personas que viven juntas, tanto en el núcleo familiar como en la comunidad (barrio, pueblo, etc.). Compartir el tiempo libre ayuda a la convivencia, fomenta el respeto a la diversidad cultural y permite integrar a las comunidades menos favorecidas en la sociedad.

En resumen, el descanso es un derecho fundamental, que promueve el desarrollo de las personas y ayuda a mejorar la calidad de vida. Participar en la sociedad compartiendo el tiempo libre con otras personas no es solo un derecho, sino un deber que requiere responsabilidad, convivencia y compromiso.

B. En el artículo aparecen estas palabras que tienen un significado social. Relaciónalas y haz frases con ellas pensando en ti o en la sociedad de tu país. `Ej. 1, p. 33`

a. conciliar
b. compartir
c. disfrutar **de**
d. mejorar
e. flexibilizar
f. aprender **a**
g. participar **en**
h. reclamar

1. el tiempo libre
2. la diversidad
3. vida laboral y familiar
4. los horarios
5. la sociedad
6. los derechos
7. la calidad de vida
8. convivir

C. Con las ideas del artículo, elaborad en parejas unas preguntas para saber si se cumple el derecho al descanso en vuestras vidas y responded oralmente.

¿Cuánto tiempo libre tienes al día durante la semana? ¿A qué lo dedicas?

D. Comentad en grupo las frases que habéis escrito y comparadlas con los aspectos del artículo relacionados con España.

2. ¿Y tú, qué quieres?

A. El periódico de tu ciudad recoge algunas peticiones de sus lectores. Léelas e identifica qué piden y por qué.

LAS NOTICIAS

Edición Madrid   Miércoles 17 abril   *Ejemplar gratuito*

Opinión   Actualidad   Última hora   Local   Negocios   Cultura   Deportes

OPINIÓN

«Los jóvenes **queremos** que el centro de ocio esté abierto también por la noche para los conciertos. Para eso necesitamos que haya transporte público toda la noche».
— Mariona

«**Necesitamos** recuperar nuestros mercados. Queremos que formen parte de la vida cultural. **Pedimos** que en los mercados se hagan talleres de cocina, exposiciones y conciertos».
— Sandra

«El Ayuntamiento debe implicarse más en el arte. **Reclamamos** la construcción de un museo de arte, que sea gratuito para los ciudadanos y que tenga salas para conferencias y películas».
— Marcos

«Queremos que el Ayuntamiento trabaje más la inclusión de todas las asociaciones en el ocio de la ciudad. **Exigimos** instalaciones deportivas de más fácil acceso para todos, es decir, menos escaleras y más rampas».
— Alonso

B. En estas peticiones se expresa la intensidad de lo que se pide con diferentes verbos. Fíjate en los que están resaltados: ¿cuáles expresan más intensidad?

necesitar   querer   pedir   exigir   reclamar

C. Subraya quién realiza la acción en cada una de estas peticiones. ¿Por qué usamos el subjuntivo en el ejemplo 3?

`Ej. 2 y 3, p. 33`

1. La asociación quiere abrir una escuela de circo.
2. Nosotros queremos más zonas verdes en la ciudad.
3. Nosotros queremos que el ayuntamiento construya un nuevo teatro.

D. Ahora, completa el cuadro con ejemplos de las peticiones al periódico.

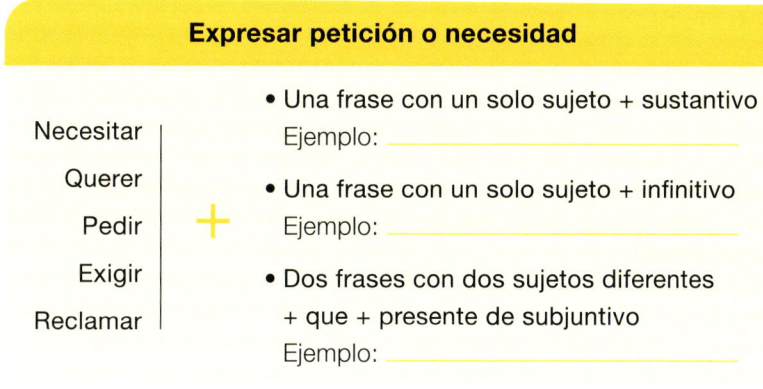

Expresar petición o necesidad	
Necesitar / Querer / Pedir / Exigir / Reclamar **+**	• Una frase con un solo sujeto + sustantivo Ejemplo: _____ • Una frase con un solo sujeto + infinitivo Ejemplo: _____ • Dos frases con dos sujetos diferentes + que + presente de subjuntivo Ejemplo: _____

3. Nuevas peticiones

A. Completa cada uno de estos grupos de ocio con estas peticiones. Puedes usar estos verbos: querer, exigir… Después añade una petición más en cada apartado. `Ej. 4 y 5, p. 33`

- Crear itinerarios verdes
- Pintar murales en nuestra ciudad
- Construir* centros de creación artística

- Más zonas verdes para hacer pícnics
- Más ofertas de restaurantes veganos
- Organizar* talleres de cocina en el mercado

Amantes de la naturaleza

Club gastronómico

Apasionados del arte

- *Queremos que creen itinerarios verdes…*
- _____
- _____

- _____
- _____
- _____

- _____
- _____
- _____

> Los verbos *construir* y *organizar* son irregulares en presente de subjuntivo. Hay un cambio ortográfico: constru**y**a/organi**c**e.

B. En este podcast del programa de radio *Tu voz*, Ana, una joven de catorce años, responde a una entrevista. Escúchala y escribe tres peticiones suyas.

1. _____
2. _____
3. _____

¿Y tú qué quieres para tu tiempo libre?

C. Ana habla de disfrutar del ocio en la calle. ¿En tu ciudad se hace también? ¿Es un aspecto cultural tan importante como en España?

D. ¿Qué pides para que mejore el ocio en tu ciudad? Escribe tus peticiones en la sección del periódico. Después compártelas en grupo: ¿coinciden?, ¿son posibles de cumplir? `Ej. 6, p. 33`

Cartas al director

No deben exceder de 6 líneas y se identificarán con el nombre del autor. El periódico se reserva el derecho de acortar los textos. No se informará por escrito ni por teléfono sobre las cartas recibidas.

UNIDAD 3 • secuencia 1

1. Escribe las palabras adecuadas en cada una de estas afirmaciones.

mejorar la calidad de vida | flexibilizar los horarios | disfrutar de la diversidad | aprender a convivir | reclamar el derecho | conciliar la vida laboral y familiar

1. La Constitución protege el derecho de _____ con respeto hacia todas las comunidades.
2. La comunidad de los inmigrantes _____ a participar en la vida cultural de la ciudad.
3. _____ es sinónimo de progreso social.
4. La convivencia debe ser un valor que se enseñe en las escuelas. _____ es vital para el bienestar de una sociedad.
5. El gobierno estudiará leyes para _____ y las empresas deberán _____ para ayudar a sus trabajadores.

2. Escribe los verbos en infinitivo o subjuntivo en estas peticiones de la gente mayor.

1. La verdad es que necesitamos que la sociedad nos _____ *(valorar)* más y _____ *(pensar)* en nosotros como población activa. Queremos _____ *(hacer)* muchas cosas útiles para la comunidad.
2. Necesitamos _____ *(tener)* espacios amplios para pasear, hacer taichí... Pedimos que _____ *(construir)* parques grandes para esas actividades.
3. Reclamamos que nos _____ *(poner)* más centros sociales y _____ *(tener)* más variedad de actividades de ocio para hacer las cosas que más nos gustan.

3. Ahora hablan los jóvenes: transforma las peticiones anteriores.

1. La verdad es que necesitamos que la sociedad
2. _____ *(Querer)* espacios _____ para
3. Pedimos que _____
4. Reclamamos más _____ centros

4. Completa las peticiones con el verbo más adecuado.

1. *Exijo/Quiero* saber qué tengo que hacer para ser socio del club.
2. Estamos cansados de salir de la ciudad para estar con nuestros perros. Por eso *queremos/reclamamos* más espacios en la ciudad.
3. No podemos descansar por el ruido que hay en la calle. *Exigimos/Necesitamos* que cierren los bares nocturnos en el barrio.
4. El servicio en este restaurante ha sido muy malo, por eso *necesitamos/reclamamos* que nos devuelvan el dinero.
5. Para una mayor inclusión *exigimos/pedimos* más rampas en los restaurantes para acceder con facilidad a su interior.

5. Piensa en quién debe realizar la acción y colorea la opción correcta.

1. Los amantes del cine queremos…
   - bajar los precios.
   - que los cines bajen los precios.
2. El Ayuntamiento quiere…
   - que los ciudadanos construyan el Museo de Historia de la ciudad.
   - construir el Museo de Historia de la ciudad.
3. Los profesores de español queremos…
   - pedirle a la dirección una sala de descanso.
   - que la dirección pida una sala de descanso.
4. Todos los artistas de esta ciudad queremos…
   - cantar, bailar, pintar en la calle.
   - que el Ayuntamiento cante, baile, pinte en la calle.

6. Escribe 6 posibles peticiones de la asociación de estudiantes de la escuela donde estudias español.

1. _____
2. _____
3. _____
4. _____
5. _____
6. _____

1. Felicidad laboral

A. Observa este cartel: ¿Te gustaría asistir a este Congreso Internacional? ¿Por qué? `Ej. 1, p. 37`

B. ¿Con qué puntos de la conferencia *Los ingredientes de la felicidad laboral* relacionas estas ideas? Escribe las dos ideas que faltan.

Los ingredientes de la felicidad laboral

- sueldo
- clima laboral
- jefe/a
- conciliación vida personal y trabajo
- formación

a. El ambiente en el trabajo, es decir, las relaciones sociales que tenemos es importante para estar motivados.

b. Es necesario estudiar para aprender a hacer mejor nuestro trabajo y conocer las novedades en nuestro sector.

c. Es importante encontrar un equilibrio entre estar con la familia y trabajar.

d. _____

e. _____

C. Discute con tu compañero cuáles son los ingredientes de la felicidad laboral más importantes para ti. ¿Por qué?

D. Escucha tres fragmentos de la conferencia sobre la felicidad laboral y toma notas.

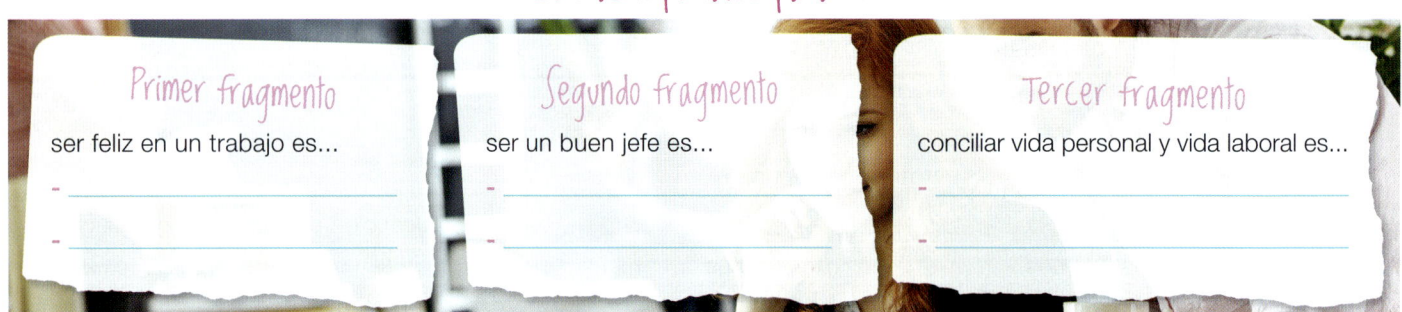

Lo más importante para…

Primer fragmento
ser feliz en un trabajo es…
- _____
- _____

Segundo fragmento
ser un buen jefe es…
- _____
- _____

Tercer fragmento
conciliar vida personal y vida laboral es…
- _____
- _____

E. Ahora elige una de estas frases para resumir cada fragmento.

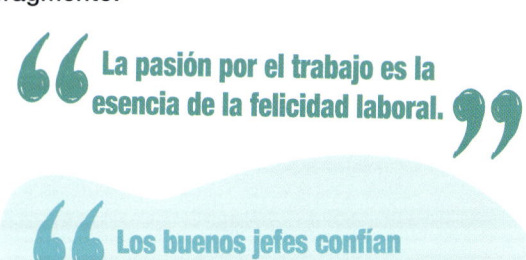

"La pasión por el trabajo es la esencia de la felicidad laboral."

"Los buenos jefes confían en sus trabajadores."

"No todo en la vida es trabajar."

F. En el foro de discusión del Congreso se han dado estos datos que reflejan parte de la realidad española. ¿Te sientes identificado con lo que se dice?

a. Para **más de la mitad** de los entrevistados el sueldo es una de las claves más importantes de la felicidad (…)

b. **Menos del 50%** de la población española ha conseguido conciliar trabajo y vida personal. Muchos de ellos trabajan **más de** 8 horas al día, cobrando a veces menos de 1000 euros (…)

c. Ahora los padres también podrán quedarse en casa cuidando de sus bebés. El País Vasco ampliará el permiso de paternidad a 16 semanas, un periodo **igual de largo** que el de las madres (…)

G. Las palabras marcadas en negrita sirven para expresar comparación de cantidades. Fíjate en los ejemplos y completa el cuadro. Ej. 2, p. 37

H. Escribe tu opinión sobre estos temas referentes a la realidad social que conoces de tu país. ¿Puedes añadir otro? Recuerda usar más/menos/igual de...

a. Satisfacción en el trabajo
b. Conciliación ocio y trabajo
c. Permiso de paternidad/maternidad
d. Formación en el trabajo
e. _____

Comparar cantidades

- **Superioridad e inferioridad**
  Más/menos + ☐ + cantidad.
  Menos del 50% de la población...
  Más de la mitad de la población...

- **Igualdad**
  Igual + ☐ + adjetivo/adverbio + que
  Este curso de tecnología es igual de caro que el otro.
  Este trabajo está igual de bien hecho que el otro.

2. Clima laboral

A. ¿Sabes qué funciones tiene el departamento de Recursos Humanos de una empresa? Coméntalo en grupo.

B. ¿Qué iniciativa empresarial se explica en esta entrada de blog? Lee y completa la tabla.

BENEFICIOS   INICIATIVAS   BLOG   CONSEJOS   CONTACTA

Las aficiones personales mejoran el clima laboral

En el mundo laboral, para formar al personal, solo se dan cursos especializados en ventas, tecnología, liderazgo, trabajo en equipo, creatividad...Todo ello para ser mejores y más productivos en los puestos de trabajo. Está claro que la capacitación profesional es importante en el mundo laboral, pero no hay que olvidar el bienestar y la satisfacción de quienes trabajan en la empresa.

Los beneficios de practicar nuestras aficiones durante la jornada laboral son muchos: mejora la motivación, favorece que las personas se expresen y se conozcan mejor, establece y fortalece vínculos para un trabajo en equipo y equilibra lo personal y lo laboral.

Por todas estas razones, las empresas imparten cada vez más talleres para compartir gustos, intereses y conocimientos en torno a una afición, que además se aprende y se enseña entre compañeros. Para ello, se crean espacios de encuentro donde los trabajadores se reúnen sin jerarquías, bien en el mismo lugar de trabajo o fuera de él, durante su jornada laboral o fines de semana. Antes de formar estos grupos de ocio y trabajo se debe recoger información, por ejemplo, a través de un cuestionario sobre las habilidades y conocimientos de los empleados. Muchas veces los intereses más comunes son: los idiomas, los deportes, las terapias corporales, la cocina, las manualidades, el maquillaje...

Para terminar, las personas valoran cada vez más el equilibrio entre su vida personal y laboral.

La iniciativa de llevar las aficiones al trabajo no solo mejora el clima laboral y la productividad, sino que aporta beneficios relativos a la salud mental y emocional y a las relaciones interpersonales.

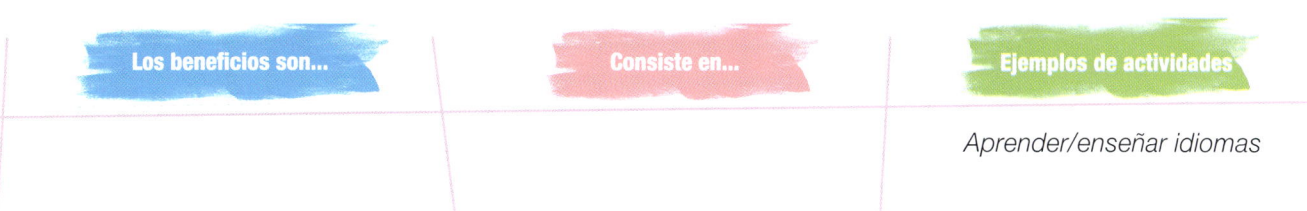

Los beneficios son...	Consiste en...	Ejemplos de actividades
		Aprender/enseñar idiomas

C. Este cuestionario es para conocer cuáles son nuestras habilidades. Añade una actividad en cada punto y escribe tus respuestas. `Ej. 3, p. 37`

Cuestionario para conocer nuestras habilidades

1. (No) sé nada/poco/algo/bastante/mucho **de**
   la nutrición: *no sé nada de nutrición...*
   las plantas: *sé mucho de plantas.*
   el maquillaje: _____
   ⬜ : _____

2. Soy malo/bueno/bastante bueno/muy bueno **con/en**...
   los videojuegos: *soy muy malo con los videojuegos/Soy muy malo jugando a los videojuegos.*
   la guitarra: _____
   cocinar: _____
   ⬜ : _____

3. Soy un genio 🙂/desastre ☹ **para**...
   el baile: *Soy un genio para el baile/Soy un genio bailando.*
   la fotografía: _____
   las manualidades: _____
   ⬜ : _____

4. (No) Me gusta (...) y lo hago muy bien/mal/regular
   pintar: *me gusta pintar y lo hago muy bien.*
   conducir: _____
   hablar idiomas: _____
   ⬜ : _____

D. Fíjate en los ejemplos del cuestionario anterior y completa este cuadro con las siguientes preposiciones: *en/de/para/con/Ø*. `Ej. 4, 5 y 6, p. 37`

Expresar conocimiento o habilidad

- **Expresar conocimiento**
  Sé + (algo/poco/un poco) + ⬜ + sustantivo

- **Expresar habilidad**
  Soy bueno/malo + ⬜ + sustantivo
  Soy bueno/malo + ⬜ + gerundio
  Soy un genio/desastre + ⬜ + sustantivo
  Soy un genio/desastre + ⬜ + gerundio

- **Me gusta** + infinitivo + y lo hago (muy) bien/mal.

E. En grupo, comparad las respuestas y escribid las que tenéis en común.
   Nadie sabe nada de plantas. / Todos somos bastante buenos con los videojuegos.

F. Ahora que ya conocéis las habilidades del grupo, vais a preparar un taller para enseñarlas. Pensad en los espacios, el horario y el material que necesitáis.

Lista de talleres:
Dar un curso de nutrición
_____
_____
_____
_____

Taller:
- Dar un curso de nutrición
  Enseñar a comer/ Hablar de dietas/ Crear tablas de alimentos...

Responsables de la actividad: Juan y Marta
Lugar: en la cocina
Día/hora: lunes, de 14:00 a 15:00
Material: alimentos diferentes

EJERCICIOS

UNIDAD 3 • secuencia 2

1. Define estos términos profesionales.

1. Sueldo: _____
2. Conciliación vida personal y trabajo: _____
3. Clima laboral: _____
4. Departamento de Recursos humanos: _____
5. Jefe: _____
6. Equipo de trabajo: _____

2. Subraya la respuesta adecuada.

1. Para *más de/igual de* la mitad de los jóvenes el primer trabajo es difícil de encontrar.
2. Pensamos que *más del/igual del* 50 % de la gente mayor no descansa bien. Muchos de ellos duermen *más de/menos de* 8 horas al día.
3. Las mujeres están *igual de/menos* cualificadas que los hombres para ocupar puestos directivos.
4. *Más del/Igual de* 60 % de los niños españoles hacen deberes en casa después de la escuela.

3. Escribe dos profesiones para las que son importantes estos conocimientos.

1. Saber de plantas: _____ / _____
2. Saber de tecnología: _____ / _____
3. Saber de animales: _____ / _____
4. Saber de terapias: _____ / _____
5. Saber de coches: _____ / _____
6. Saber de música: _____ / _____

4. Marca la opción correcta.

1. Somos muy malos *de/con* la informática.
2. No sabes nada *de/con* moda.
3. Soy *un/de* genio *de/con* la cocina.
4. Te gusta decorar y lo haces *muy/mucho* bien.
5. Eres muy bueno *tocar/tocando* la guitarra.
6. Tú y yo somos *muy/mucho* buenos con las matemáticas.

5. Completa estas habilidades personales.

1. Soy un genio _____
2. Sé algo _____
3. Soy bastante bueno/a _____
4. Soy un desastre _____
5. Sé mucho _____
6. Soy malo/a en _____

6. ¿Tienes ahora las mismas habilidades que cuando eras pequeño/a o más joven? ¿Cómo las aprendiste? ¿Cuáles te gustaría tener?

Antes	Ahora
Sabía pintar.	Ya no, pero me gusta hacer fotos y lo hago muy bien.

Aprendí a pintar mirando vídeos tutoriales.

Me gustaría saber _____

_____
_____
_____
_____
_____

CREA TU DICCIONARIO propio

Actividades de ocio en empresas

Completa el programa de actividades de ocio para una empresa.

Naturaleza, viajes y deportes

- **Actividades**
  Aprender y enseñar a montar a caballo

- **Habilidades/conocimientos**
  Saber montar a caballo
  Saber de caballos

Arte y cultura

- **Actividades**
  _____
  _____
  _____

- **Habilidades/conocimientos**
  _____
  _____
  _____

Gastronomía

- **Actividades**
  _____
  _____
  _____

- **Habilidades/conocimientos**
  _____
  _____
  _____

Más allá de las palabras

1. Podemos combinar algunos verbos con diferentes preposiciones que los complementan. Por ejemplo: **entrenar para** ganar (expresa la finalidad), **entrenar en** un gimnasio (hace referencia al lugar), **con** mi mejor amigo (en compañía de)

2. Otros verbos siempre van con determinadas preposiciones, como **enamorarse de... / apuntarse a... / dedicarse a... / relacionarse con...**
   También podemos añadirles otras preposiciones que los complementan.
   Ejemplo: **Enamorarse de** una ciudad **en** verano (época).
   para siempre (duración).

   A. Haz frases con estos verbos. Elige qué otras preposiciones puedes usar para completarlas.

   Apuntarse a un curso **de** _____ **con** _____ **en** _____ **sin** pagar matrícula.
   Dedicarse a hacer trabajos sociales **para** _____ **con** _____ **sin** muchos recursos económicos.
   Relacionarse con los compañeros **de** _____ **en** _____ **para** _____ **con** interés.

   B. Ahora, en parejas, ¿conocéis otros verbos que llevan preposición? Escribidlos.

La siesta, ¿cultura o necesidad?

Este breve descanso de 10 a 15 minutos (en algunos casos hasta de una hora) que hacemos después de comer, ayuda a mantener la atención en el trabajo, es bueno para el corazón y mejora la autoestima.

http://elpais.com

Echarse una siesta entre clase y clase

La Universidad Católica de Chile instala camas en sus sedes para que sus estudiantes puedan dormir, un proyecto piloto que podría ser permanente el próximo curso.

http://elpais.com

Mi jefe me obliga a dormir la siesta

Empresas de China, Japón y EE UU lo tienen claro: sus empleados rinden mejor si se echan un sueñecito durante la jornada laboral.

http://elpais.com

El placer de echarse una siesta en el centro financiero de Madrid

Siesta and Go consolida una fiel clientela un año después de abrir un establecimiento en la capital.

http://elpais.com

La siesta, ¿cultura o necesidad?

EXPERIENCIA **CULTURAL**

A Lee los titulares de la izquierda y responde a estas preguntas:
¿En qué consiste la siesta, y cuánto dura?
¿Qué beneficios físicos y psíquicos conlleva?
¿Solo se duerme la siesta en casa? ¿Puede ser un negocio?

B Este artículo habla sobre el negocio de la siesta. Léelo y encuentra qué puedes decir de estos tres temas. Después, coméntalo con tu compañero o compañera.
- El origen de la empresa   - Servicios que ofrece   - Los españoles y el sueño

EL PLACER DE ECHARSE UNA SIESTA EN EL CENTRO FINANCIERO DE MADRID

Este establecimiento es el único negocio en España dedicado a dar un servicio de descanso por horas.
El proyecto lo creó hace un año De Inza, que fascinada por los países asiáticos, descubrió la existencia de este tipo de lugares en un viaje a Japón.

Siesta and Go cuenta con 22 camas, taquillas, duchas, unas mesitas para trabajar o leer y una pequeña cafetería. El silencio es su mayor cualidad.

Actualmente es un negocio de mucho éxito que cuenta con clientes fieles, como Ignacio Alvarado. Para este informático de 57 años que vive entre Madrid y Málaga, hacer la siesta es un placer, pero también una necesidad. Así que, cuando puede, se echa una siesta de media hora y recarga energía para continuar con su trabajo.

Expertos del Centro de investigación del sueño consideran que la siesta es una práctica saludable, pero solo un 58,6 % de los españoles la hace, según los últimos estudios realizados. Muchos españoles no solo no duermen la siesta, sino que además no duermen las ocho horas recomendadas por los especialistas del sueño.

Ignacio Alvarado no solo ha recuperado el hábito de la siesta, sino que se ha convertido en uno de los pocos clientes que también usa este servicio para dormir por la noche. Asegura que «el tiempo es lo más importante», y no está dispuesto a gastar en grandes hoteles de lujo ni en sitios alejados de sus puntos de trabajo.

C ¿Usaríais este servicio? ¿Tenéis establecimientos similares en vuestro país?
¿Pensáis que la siesta debería estar incluida en el derecho al descanso?

Mis experiencias
Unidad 4

Completa tu experiencia al terminar la unidad.

Mis experiencias

✦ Escribe dos textos cortos donde describes:
- tus dos personajes favoritos en el teatro.
- tu escena favorita de una obra.

Personajes favoritos	Escena favorita

✦ Si has visto una obra en tu estancia en España, conoces algún grupo de teatro o has ido a un festival, cuenta tu experiencia.

_____
_____
_____
_____
_____
_____

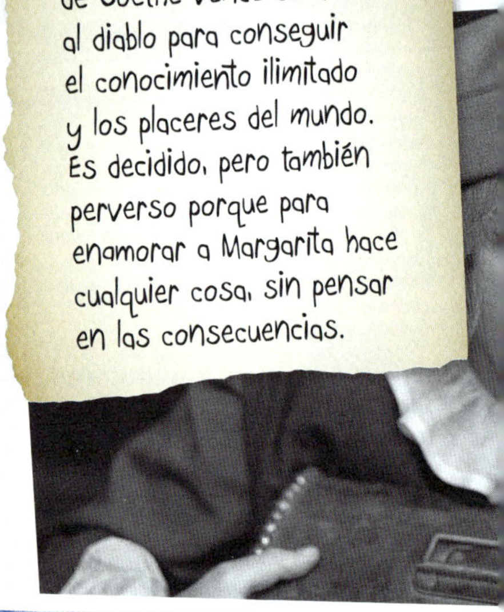

A. El ambicioso _____ de Goethe vende su alma al diablo para conseguir el conocimiento ilimitado y los placeres del mundo. Es decidido, pero también perverso porque para enamorar a Margarita hace cualquier cosa, sin pensar en las consecuencias.

3 ☐

D. En España tenemos a _____ creado por José Zorrilla, héroe del Romanticismo. Es un seductor de mujeres, a las que conquista una tras otra. Es valiente y arrogante, demasiado seguro de sí mismo y muy egoísta, porque solo piensa en él.

E. _____, de Lorca, es una madre intolerante y autoritaria, ya que todos tienen que hacer lo que ella dice. Es cruel, porque hace daño a sus hijas: las condena a siete años de luto, sin salir de casa, tras la muerte de su padre.

Unidad 4

¿Ser o no ser?

Objetivo
"Hablar del teatro: personajes, escenarios y guiones"

_____ de Shakespeare es la hermosa única hija de los Capuleto. Se enamora de Romeo, de la familia enemiga de sus padres. Es una mujer inteligente y decidida. Inocente al principio de la obra, al final será más dura.

_____ de Molière es un personaje avaricioso que quiere ser rico. Es listo, pero es mentiroso y no duda en aprovecharse de los inocentes que creen en su palabra.

F. Celosa porque no quiere ver a su marido Jasón con otras mujeres, la _____ de Eurípides es también vengativa y cruel, porque mata a sus hijos. Es poderosa y manipuladora para conseguir sus objetivos.

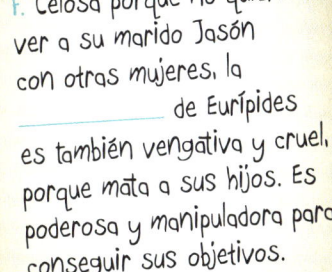

El teatro

A. ¿Te gusta el teatro? ¿De qué tipo: clásico o moderno? ¿Ves representaciones, o prefieres leerlo? ¿Cuál es tu obra y tu personaje favoritos? Coméntalo en clase.

B. Estos son algunos personajes de obras muy famosas: Don Juan, Julieta, el avaro, Bernarda, Fausto y Medea. Relaciona cada imagen con su descripción.

C. Estos personajes son prototipos de carácter. ¿Cuál te gusta más? ¿Conoces a otros personajes que simbolizan otro tipo de carácter?

U-4 secuencia 1

1. Elementos del teatro

GÉNEROS

La tragedia trata temas complejos y tiene un final terrible. El drama, conflictos e intrigas más cotidianos, y la comedia temas cotidianos y divertidos con final feliz. También están los musicales, la ópera, etc.

A. ¿Qué elementos son importantes en una obra de teatro? Coméntalo en clase. Después, relaciónalos con su significado. Ej. 1, p. 45

- El género **a.** ○
- El tiempo **b.** ○
- Los personajes y su vestuario **c.** ○
- El guion **d.** ○
- El público **e.** ○
- La trama **f.** ○
- El espacio (decorado, escenario, escenografía) **g.** ○

- ○ 1. La historia, lo que pasa en la obra.
- ○ 2. El texto, los diálogos con sus indicaciones, las acotaciones (cómo se realiza la acción, etc.).
- ○ 3. Las personas que van a ver la obra.
- ○ 4. El lugar en el que se desarrolla la obra.
- ○ 5. Las personas que actúan y la ropa que llevan.
- ○ 6. La época y el momento en que trascurre, y las partes en que está dividida: acto, escena.
- ○ 7. La tragedia, el drama, la comedia, etc.

Una *bruja* o *maga* es una mujer que tiene poderes mágicos. El *hechizo* es lo que hacen las brujas para obtener un resultado mágico, sobrenatural.

B. *La Celestina* es una obra de la literatura española. Lee la sinopsis de la trama. ¿Te recuerda a alguna otra obra que conoces?

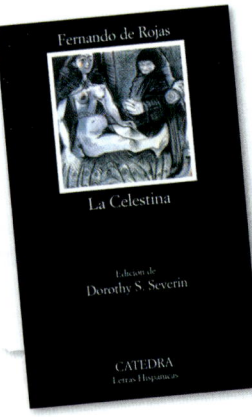

La Celestina es una mezcla de tragedia y comedia, escrita en 1499. El joven Calixto conoce a Melibea y se enamora, pero ella lo rechaza. Por esa razón, Calixto, con la ayuda de sus criados, se pone en contacto con la Celestina, una especie de bruja o maga. Gracias a un hechizo, Melibea se enamora de Calixto. Después de pasar una noche con ella, él muere. Cuando Melibea sabe que su amante ha muerto, se suicida.

C. A lo largo de la unidad vais a crear una pequeña obra de teatro. Formad unos grupos de trabajo. En primer lugar, habla con tus compañeros y compañeras y decidid:

- **a.** el género (drama, comedia, etc.),
- **b.** el tiempo en que ocurre (en el pasado, futuro, etc.),
- **c.** la trama, para escribir una sinopsis.

2. Los personajes

A. Lee este texto informativo. Elige una obra de teatro y describe a sus personajes según esta información.

En Romeo y Julieta, de Shakespeare, los personajes son reales, un hombre y una mujer. Los dos son jóvenes... Son los protagonistas de la historia y los personajes secundarios se llaman...

En una obra de teatro, los personajes son personas reales o imaginarias, simbólicas o, incluso, animales o seres sobrenaturales. Tienen unas características tanto físicas como psicológicas marcadas, que definen su personalidad. A veces, estos personajes comienzan siendo de una forma determinada, pero, a lo largo de la obra, por las circunstancias que viven, pasan por diversos estados y cambian. A los personajes los conocemos por lo que dicen y hacen o por lo que cuentan otros de ellos. Están los personajes principales, los protagonistas, que muchas veces tienen un antagonista, su contrario; por ejemplo, el bueno y el malo. En la mayoría de las obras hay también personajes secundarios, que ayudan a definir a los principales.

B. Ahora, lee la descripción de los personajes de *La Celestina* y subraya las frases con diferentes usos del verbo *ser* empleando los siguientes colores. Ej. 2, 3 y 4, p. 45

- Identifica su naturaleza (mujer, amigo, madre...).
- Describe el carácter.
- Describe el físico.
- Identifica el tipo de relación entre las personas.

Describir a personas

Cuando identificamos, definimos la esencia de una persona y sus características, utilizamos el verbo **ser**.

Celestina

Es una mujer vieja, fea y con barba, una especie de bruja. Es experta en las artes del amor. Es muy lista, pero también es muy avariciosa, porque, después de hacer un trato con los criados de Calixto, decide quedarse con todo el dinero. Calixto la contrata para que prepare un hechizo y que Melibea se enamore de él.

Calixto

Es el único protagonista masculino de la obra y es el amante de Melibea. Es un joven que pertenece a una clase social alta, es inseguro y romántico. Se enamora inmediatamente de Melibea. Es egoísta, porque solo piensa en conseguir lo que él quiere, y no es muy inteligente, porque sus criados lo engañan fácilmente.

Melibea

Es la amante de Calixto. Es una chica muy joven, inteligente y guapa, que también pertenece a una clase social alta. Representa el ideal de mujer de la época. Al principio, no tiene interés por Calixto. Ella es culta, porque lee mucho, y, además, en la obra es decidida y mucho más madura que Calixto.

C. Vuelve a leer las descripciones, clasifica los adjetivos y escribe su contrario.

	positivos	negativos
físicos		
de carácter		

D. En grupos, cread dos personajes para vuestra obra y describidlos.

Secuencia 1 U-4

3. La evolución de los personajes

A. Muchos personajes evolucionan y cambian a lo largo de la obra. ¿Puedes pensar en alguno? Lee estas entradas de Twitter de aficionados al teatro. ¿Cuáles cambian para mejor y cuáles para peor?

Locadelteatro
@locadelteatro.

Como mujer, me encanta Melibea: Al principio insegura y oprimida por las convenciones sociales, después se convierte en una mujer madura y decidida, que toma sus propias decisiones. #amigos del teatro

Hace 54min

Yolanda58
@yolanda58

Recomiendo "Sueños". La actriz se hace mayor durante la obra delante de nuestros ojos. Comienza con 20 años y termina con 70 y ¡nos lo creemos! #amigos del teatro

Hace 23h

Juanactor2019
@juanactor2019

Extraordinaria la transformación del actor cuando se convierte en un monstruo. Increíble, cómo el protagonista se vuelve poco a poco tan ambicioso y egoísta. Dos personas en una. #amigos del teatro

Hace 54min

B. Después, completa el cuadro con ejemplos de los verbos que se utilizan para reflejar cambios.
Ej. 5, p. 45

Expresar cambios

- **Volverse + adjetivo**
  Cambio progresivo de carácter, actitud o ideología. Muchas veces indica un cambio a algo negativo.
  Se ha vuelto egoísta.
  Se ha vuelto desordenada.

- **Hacerse + _____ o sustantivo**
  Cambio de aspecto externo, profesión, hábito, ideología, religión, etc.
  Se hizo hechicera. Se hizo socio del club.
  Se hizo vegetariano. Se hizo budista.

- **Convertirse en + _____**
  Cambio radical, transformación total.
  Se convirtió en una mala persona.

C. Como los personajes, las personas también cambiamos en el mundo real.
¿Cuáles de estos factores crees que influyen más: la edad, las experiencias, otras personas, los libros, los cursos, los viajes, etc.?

D. a. Escucha a estos amigos hablando en una cena de sus cambios, y completa la tabla.

¿Qué les hizo cambiar?

1. Rosa
2. Aitor
3. Alicia
4. Juan

b. Ahora vuelve a escuchar y completa estas frases con los verbos de cambio.

- Rosa _____ mucho más tolerante y _____ vegetariana.
- Aitor _____ una mejor persona y _____ más miedoso.
- Alicia _____ en una persona positiva.
- Juan _____ más empático.

E. En parejas, piensa en una película, una serie o un libro y escribe una descripción de un personaje: personalidad, rasgos físicos, evolución, etc. Otra pareja descubre quién es.

F. Explicad cómo cambian vuestros personajes a lo largo de la obra.

EJERCICIOS

UNIDAD 4 • secuencia 1

1. Clasifica estas palabras en la columna correspondiente.

historia | drama | acto | una tarde | tragedia | en un bosque | escena | comedia
diálogos | protagonista | en un castillo | secundario | hace muchos años | antagonista

Género	Espacio	Tiempo	Personajes	Trama o guion

2. Escribe el adjetivo para estas definiciones.

decidido | valiente | listo | avaricioso | ambicioso
egoísta | autoritario | cruel

1. Que piensa siempre en él o ella, que no se preocupa por los demás: _____
2. Que pasa pronto a la acción: _____
3. Que no tiene miedo: _____
4. Que comprende las cosas rápidamente: _____
5. Que es malo y disfruta con el sufrimiento de los demás: _____
6. Que quiere que todos hagan lo que él o ella dice: _____
7. Que siempre quiere más bienes materiales: _____
8. Que desea poder: _____

3. Con estas palabras, escribe una descripción de un personaje femenino. Haz frases completas.

mujer | guapa | mayor | madre de Victoria
valiente | moderna | generosa | buena

4. Busca parejas de contrarios.

tolerante | sencillo | bueno | miedoso | generoso
mentiroso | hermoso | intolerante | decidido
democrático | valiente | complicado | malo | autoritario
sincero | indeciso | avaricioso | feo

5. Completa las frases con estos verbos conjugados.

volverse | convertirse en | hacerse

1. Quique _____ muy avaricioso. Antes no era así, pero ahora solo piensa en el dinero.
2. Yo antes comía mucha carne, pero ahora _____ vegano.
3. Pepe era difícil antes, pero ahora _____ una persona flexible, tolerante, generosa. Increíble, el cambio.
4. Y por culpa del hechizo la joven _____ un caballo blanco.
5. Yo creo que gracias a los viajes _____ más tolerante.
6. ¿Cómo? _____ socia del Atlético de Madrid? ¡Tú, que siempre has sido del Real Madrid!

U-4 Secuencia 2

1. El escenario

A. Los personajes en una obra actúan en un escenario: en una casa, un bosque, etc. En grupos, haced una lista de escenarios que conocéis.

B. En *La Celestina*, una de las escenas es en un jardín. Comentad cómo os imagináis el escenario donde se ven por primera vez y Calixto se enamora de Melibea.

Esta es una foto del jardín de Calixto y Melibea en Salamanca, donde dicen que el autor se inspiró para crear la obra.

C. Escucha a este director de teatro, que explica cómo debe ser el jardín, y elige la opción correcta. *Ej. 1 y 2, p. 49*

1. El jardín...
   a. **es** moderno.
   b. **está** abandonado.
   c. **es** romántico. ✓

2. La muralla...
   a. **es** nueva.
   b. **está** a la derecha.
   c. **está** al fondo.

3. En la escena, Melibea...
   a. **está** sentada cerca de una fuente.
   b. **está** de pie al lado de una fuente.
   c. **está** paseando cerca de una fuente.

4. El banco...
   a. **es** de madera.
   b. **es** de hierro.
   c. **es** de piedra.

5. El banco...
   a. **está** nuevo.
   b. **está** roto.
   c. **está** pintado de blanco.

6. La estación del año...
   a. **es** primavera.
   b. **es** otoño.
   c. **es** verano.

7. El tiempo en que ocurre la escena...
   a. **es** por la mañana.
   b. **es** a mediodía.
   c. **es** por la noche.

8. Melibea, ante la presencia de Calixto...
   a. **está** feliz.
   b. **está** sorprendida.
   c. **está** nerviosa.

D. En este diálogo aparecen nuevos usos del verbo *ser* y algunos de *estar*. Fíjate en las preguntas de selección múltiple del ejercicio anterior y marca a qué ejemplo corresponde.

1.c	Describe las características.
	Indica cuándo tiene lugar la acción.
	Describe el material del que está hecho.
	Expresa un estado físico, mental o emocional.
	Expresa el lugar donde se encuentra.
	Expresa la posición de alguien.
	Expresa el estado de algo.

Usos de *ser* y *estar*

- Cuando hablamos de las circunstancias: cambios, ubicación, estado, etc. utilizamos el verbo _____.
- Cuando identificamos, definimos la esencia de una persona y sus características, utilizamos el verbo _____.

E. Ya tenéis los personajes. Ahora tenéis que pensar en un escenario. ¿Cómo es? ¿Dónde está? ¿Qué época del año es? Discutid y escribid una descripción.

2. El guion de teatro

A. Lee este guion de una escena de la obra *Todos nos conocemos* y di si se trata de:

a. una despedida   b. un cumpleaños   c. la celebración de un nuevo trabajo   Ej. 3, p. 49

Tres amigos están en un café

Rocío: *(brindando)* ¡Por nosotros, por muchos años más de amistad!

Isabel: Por ti, Rocío, por tu maravillosa próxima aventura. Oye, por cierto, ¿necesitas ayuda con el viaje?

Rocío: Gracias, Isabel, pero lo tengo todo preparado.

Mario: *(con un tono muy triste)* Pero… ¿por qué te tienes que ir? Primero Luis, ahora tú…

Isabel: Pues porque está aburrida de esta ciudad, ¿verdad, Rocío? Es tan pequeña, y siempre es lo mismo…

Rocío: Sí, tienes razón, esta ciudad es muy aburrida, *(con gran nerviosismo)* pero la razón por la que me voy es…

Mario: *(apuntando con el dedo)* Mirad, ¿no es aquel Félix?

Rocío: ¿Qué Félix?

Mario: El que estaba con nosotros el primer año de la universidad, aquel chico que era tan nervioso, que sacaba tan buenas notas, pero que era tan triste. Siempre con esa cara, ¿no te acuerdas?

Isabel: *(con un gesto de sorpresa)* ¿Pero no se cambió de carrera porque quería ser economista?

Mario: Sí, sí, y sé que ahora está de alto directivo en una empresa…

Rocío: *(llevándose la mano a la cabeza)* ¡Ah!, ahora ya me acuerdo, pero bueno, yo lo que quería contar es…

Isabel: Pues cuenta, porque nosotros también queremos hablar contigo.

Rocío: *(con gran sorpresa)* ¿Ah, sí?

Mario: *(muy lentamente, como que le cuesta decirlo)*. Verás, vemos que estas últimas semanas estás siempre nerviosa. E incluso estás triste y negativa. Tú, que eres tan tranquila y siempre has sido la más alegre de los tres… ¿Qué es lo que te pasa?

Rocío: *(empezando a llorar)* Pues que me siento muy mal, que sois mis mejores amigos y… ¡os estoy engañando!

Mario: ¡¡¡¿¿¿Qué???!!!

Rocío: Dejadme continuar, por favor, es muy difícil para mí. Tú mismo, Mario, has mencionado que primero se ha ido Luis y ahora yo, y bueno, es que no sé cómo decíroslo, no es una casualidad. En realidad, me voy de esta ciudad porque me voy a vivir con Luis…

(Se termina la escena con la cara de sorpresa de Mario e Isabel)

B. Ahora, marca con una cruz a quién o a quiénes se refieren estas frases.

	Mario	Isabel	Rocío	Félix
1. Está triste porque se ha ido un amigo y ahora se va otro.	☐	☐	☐	☐
2. Está listo/a para el viaje.	☐	☐	☐	☐
3. Está aburrido/a.	☐	☐	☐	☐
4. Habla de un compañero de universidad.	☐	☐	☐	☐
5. Es listo/a.	☐	☐	☐	☐
6. Es triste.	☐	☐	☐	☐
7. Está negativo/a.	☐	☐	☐	☐
8. Está nervioso/a.	☐	☐	☐	☐
9. Es tranquilo/a.	☐	☐	☐	☐
10. Confiesa un secreto.	☐	☐	☐	☐

3. ¿Somos o estamos?

A. Busca en el texto tres adjetivos que van con *ser* y *estar*. ¿Cambian el significado? Después, completa este cuadro.

`Ej. 4 y 5, p. 49`

> ### Ser y estar
>
> - Algunos adjetivos **se usan solo con *ser*:**
>   *Es inteligente* _____, _____, _____
>
>   Define la esencia y las características de una persona o de algo.
>
> - Otros **se usan solo con *estar*:**
>   *Estoy muy cansada,* _____, _____, _____
>
>   Expresa el estado de una persona o de algo.
>
> - Otros pueden usarse con ***ser*** y ***estar*:**
>
>   - Van con _____ cuando se trata de identificar o definir unas cualidades esenciales.
>   *Mi jefe es muy nervioso, se mueve continuamente.*
>   Es una característica de su carácter.
>
>   - Van con _____ cuando es algo circunstancial.
>   *Hoy estoy muy nerviosa porque tengo el examen por la tarde.*
>   *No soy una persona nerviosa, pero lo estoy por el examen de hoy.*

B. Completa estas dos frases con el verbo *estar* + adjetivo. Después, en parejas, escribid otras dos.

1. Estoy preocupada por Juan. Es una persona muy tranquila, pero últimamente _____
2. Álex es muy guapo, pero en esta foto _____
3. _____
4. _____

C. Observa estos adjetivos y añade dos más. Después, compáralos con tu compañero o compañera. ¿Tenéis los mismos?

Van solo con ser
- inteligente
- famoso/a
- mentiroso/a
- ambicioso/a
- _____
- _____

Van solo con estar
- casado/a
- contento/a
- cansado/a
- preocupado/a
- _____
- _____

D. Estos adjetivos pueden ir con *ser* o *estar*. Elige dos o tres y escribe frases que te definen.

- tranquilo/a
- joven
- guapo/a
- alegre
- delgado/a
- aburrido

_____
_____
_____
_____
_____

E. En grupo, terminad de preparar la obra de teatro. Haz una ficha con estos elementos y revisa todas las notas para presentarla a la clase.

- **Género:** Define la obra.
- **Espacio:** Dónde quieres ubicarla. Describe el lugar.
- **Personajes:** Describe a los protagonistas y a los secundarios o al antagonista, si los hay.
- **Tiempo:** Describe la época, el momento del día, etc.
- **Sinopsis:** Escribe una pequeña sinopsis (un resumen) de la obra.
- **Guion:** Escribe una de las escenas y representadla o leedla en alto.

EJERCICIOS

UNIDAD 4 • secuencia 2

1. Lee esta descripción de un escenario y de la trama de una obra. Subraya el verbo correcto.

1. El piso *es/está* moderno.
2. El balcón *es/está* a la derecha.
3. En la primera escena, la protagonista *es/está* sentada en el sofá.
4. *Es/Está* primavera y el balcón *es/está* lleno de flores.
5. Al fondo hay una estantería, que *es/está* de madera, con muchos libros.
6. Cuando llega a casa, ve, asustada, que la puerta *es/está* rota.
7. Ramiro *es/está* el amante de la protagonista, Celia.
8. Celia *es/está* una periodista muy famosa y *es/está* también una mujer valiente y generosa.
9. La madre *es/está* en el salón, leyendo el periódico.
10. Luis *es/está* muy asustado y llama a la policía.

2. Completa estas frases con la preposición correcta: *de, a, en*

1. El balcón está _____ la derecha de la habitación.
2. La mesa es _____ plástico.
3. La bruja convirtió al amante _____ un gato.
4. El protagonista está _____ pie.
5. Los dos amantes se encuentran _____ mediodía.
6. Los dos amantes se encuentran _____ el jardín.
7. En el bosque ya es _____ noche.
8. El gato está tumbado _____ el sofá.

3. Relaciona los contrarios.

nervioso | pronto | ilusionado | tranquilo | desilusionado
negativo | tarde | positivo

4. Completa estas frases con *ser* o *estar*.

1. Manu _____ alegre porque ha terminado el curso y ha sacado muy buenas notas.
2. Manu _____ alegre, lo dicen sus amigos, siempre está sonriendo y de buen humor.
3. Rosa _____ muy nerviosa porque tiene una entrevista por la tarde.
4. Rosa _____ nerviosa. Nunca puede estar quieta.
5. Fernando _____ aburrido hoy porque no tiene planes.
6. Fernando _____ aburrido. Nunca tiene motivación, ni ideas.
7. Victoria _____ muy positiva. Siempre ve el lado bueno de todo.
8. Victoria _____ positiva esta semana. Las cosas van muy bien con las entrevistas de trabajo.

5. Escribe un ejemplo con los verbos *ser* o *estar* para cada uno de estos usos.

- Indica cuándo tiene lugar la acción.
  _____

- Describe las características.
  _____

- Describe el material de que está hecho.
  _____

- Expresa el progreso/desarrollo de la acción.
  _____

- Expresa un estado físico, mental o emocional.
  _____

- Expresa el lugar donde se encuentra.
  _____

- Expresa la posición de alguien.
  _____

 CREA TU DICCIONARIO

^propio

Adjetivos de carácter

 ¿Quieres conocerte mejor a ti mismo? Un libro de autoayuda ofrece este test. Observa y lee el ejemplo.

10-9: demasiado, 8: super, 7-6: muy, 5-4: bastante, 3-2: un poco, 1-0: nada.

	1	2	3	4	5	6	7	8	9	10
valiente									X	
sincera								X		
orgullosa							X			
autoritaria		X								
avariciosa	X									

Yo soy demasiado valiente, supersincera, muy orgullosa, un poco autoritaria y nada avariciosa.

 ¿Cómo te describes? Completa con todos los adjetivos que conoces para definirte y marca el grado de respuesta para ti. Después, haz una frase, como en el ejemplo anterior.

	1	2	3	4	5	6	7	8	9	10

Más allá de las palabras

A. Algunas de las características de carácter a veces se usan en comparación con animales: ¿Qué adjetivos relacionas con estos animales?

(lince) | tortuga | cabra | toro | pavo real | jirafa | abeja | rata | pájaro

fuerte | libre | (listo) | loco | lento | alto | trabajador | pobre | orgulloso

Ejemplo: Listo como un lince.

B. Escucha estas expresiones y comprueba.
9 ¿Se utiliza este recurso en tu lengua? ¿Puedes buscar ejemplos y traducirlos al español para ver si también se utilizan?

EXPERIENCIA **CULTURAL**

Teatro clásico versus teatro contemporáneo

La Fura dels Baus es una compañía de teatro contemporáneo española, quizás la más conocida a nivel internacional. Se hicieron muy famosos con su actuación en los Juegos Olímpicos de Barcelona en 1992, junto con otra compañía, Els Comediants. La razón es que tuvieron una actuación espectacular, en la que sorprendieron al mundo entero.

Esta compañía realiza un teatro muy diferente y ha conseguido tener un sello muy personal. Ellos lo llaman teatro "de fricción" y trata, en gran medida, de provocar al espectador. Mezclan géneros, utilizan la imaginación y, más que obras de teatro, podemos hablar de *performances*, ya que emplean instalaciones espectaculares. En sus espectáculos todo es posible. Utilizan una gran variedad de materiales: fuego, agua, materiales orgánicos, industriales y tecnológicos, etc.

La Fura dels Baus es una mezcla de géneros, difícil de clasificar. Elementos como el espacio, el tiempo, los personajes, los actos e incluso el guion no son tan evidentes. No solo utilizan elementos de la ópera, del cine o del circo, sino también del mundo digital. Y lo más innovador es que el espectador interactúa en cierto modo con ellos, es partícipe de la obra. Por ello, en este tipo de teatro se habla de una creación colectiva, donde los actores, el público, la música, el movimiento y la escenografía se unen.

Su éxito es tan grande que los han contratado para promocionar grandes marcas, colaborar en óperas, como la reciente de Carlos V, y en otros grandes e importantes eventos. Aunque tienen muchos seguidores a los que les encanta este tipo de teatro y han influenciado a otros muchos grupos, también es verdad que no gustan a todos. Al ser un tipo de teatro tan poco convencional y tan novedoso, han tenido muchas críticas, porque para muchos lo que hacen no tiene nada que ver con el teatro como lo concibe la mayoría.

A ¿Qué te gusta más, el teatro clásico o el teatro contemporáneo?
¿Has asistido a alguna *performance* donde los actores interactúan con el público?
Coméntalo con tu compañero o compañera.

B Ahora lee este texto informativo sobre La Fura dels Baus y elige la opción correcta.

1. La Fura del Baus…
   a. se creó para los Juegos Olímpicos de Barcelona.
   b. se hizo famosa mundialmente en los Juegos Olímpicos de Barcelona.

2. Para esta compañía es importante…
   a. crear una relación con el público, interactuar con él.
   b. crear un colectivo de personas que les siguen y están de acuerdo con ellos.

3. En sus montajes utilizan…
   a. muchos elementos diferentes.
   b. solo elementos puros del teatro.

4. La opinión del público sobre este tipo de teatro…
   a. es muy buena.
   b. está dividida.

C ¿Qué opinas de este tipo de espectáculos? ¿Los consideras teatro?
¿Te gusta la mezcla de géneros?

Mis experiencias

Unidad 5

Completa tu experiencia al terminar la unidad.

Mis experiencias

✱ Narra tu experiencia de viaje hasta llegar a España.

Dibuja en un mapa:

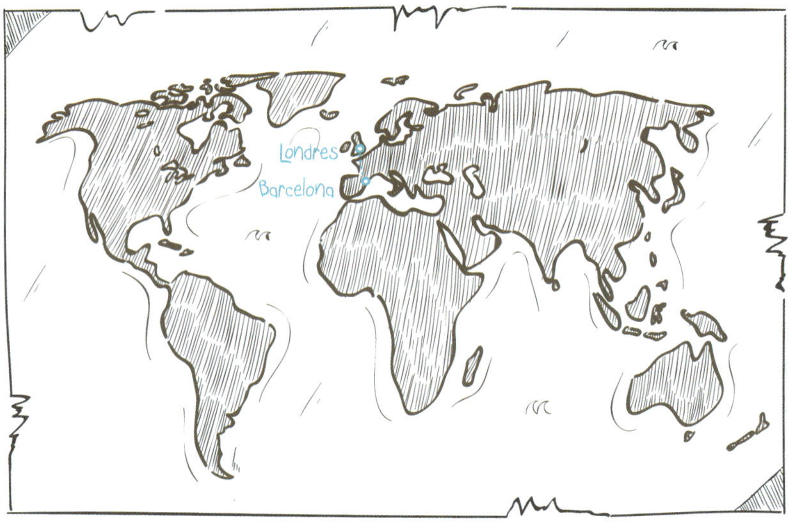

(mapa con Londres y Barcelona marcados)

- Origen y destino
- Fecha y hora de salida
- Medio de transporte
- Escalas
- Descripción del viaje

✱ Escribe algún consejo para otros estudiantes que hagan el mismo tipo de viaje que tú.

_____
_____
_____
_____
_____
_____
_____

Valle del Jerte — Cáceres

Lago de Sanabria — Zamora

El Teide — Islas Canarias

Picos de Europa — Asturias

-52-

Unidad 5

¿Viajar siempre es un placer?

Objetivo: Hablar de los viajes

La isla de las Palomas
Cádiz

Revista para viajeros. Abril 2019

PAISAJES
Número 17 Precio: 3€

VALLE DEL JERTE: La primavera en flor

PICOS DE EUROPA: Senderismo y aventura en Asturias

SANABRIA: el lago más grande de España

LA ISLA DE LAS PALOMAS, el lugar donde se abrazan un mar y un océano

EL TEIDE, ¿una montaña o un volcán?

LA PENÍNSULA IBÉRICA
Tesoros escondidos

Lugares de España

A. Mira las fotos y lee la portada de esta revista: ¿has oído hablar de alguno de estos lugares? ¿Qué sabes de ellos? Comentadlo en grupos de tres.

B. Ahora, lee esta información y relaciónala con estos lugares. En parejas, decidid cuáles os gustaría visitar.

1. Es el tercer volcán más grande del mundo, el pico más alto de España. Además, se puede aprovechar la visita para descansar en las maravillosas playas de la isla.

2. Conjunto de montañas donde se pueden hacer diferentes actividades de aventura en plena naturaleza.

3. En marzo un millón y medio de cerezos, los árboles más comunes en este valle, cubren el paisaje de blanco.

4. No puedes ir más al sur, porque es el punto más meridional de España. Después de visitar la isla, se puede hacer surf o *windsurf* en las playas de Tarifa.

5. Este lago se encuentra en un parque natural donde se puede hacer senderismo, ciclismo o deportes acuáticos, como ir en canoa. Además, gracias a su Centro de Interpretación puedes conocer mejor la naturaleza y la cultura de la región.

C. En parejas, escribid los títulos para el próximo número de la revista, con lugares de interés turístico de vuestro país. Después, intercambiad vuestra portada con otra pareja para haceros preguntas.

U-5 Secuencia 1

1. ¿Qué sentimos en los viajes?

A. ¿Te gusta viajar? ¿Por qué? ¿Con qué frecuencia viajas? ¿Qué tipo de viajes te gustan más? Coméntalo en grupos.

B. Lee este artículo de la revista *Paisajes* y relaciona estas frases con cada párrafo. ¿Estás de acuerdo con estas afirmaciones?

1. Viajar es un buen ejercicio para el cerebro.
2. Los viajes se preparan.
3. No todo es siempre positivo en los viajes.
4. Los viajes son adictivos: cuando terminamos uno, pensamos en el siguiente.
5. Todos los viajes son diferentes y tienen distintos objetivos.
6. Tanto los viajes como los recuerdos nos enriquecen.

Viajar, una explosión de sentimientos

Existen muchos tipos de viajes: de placer, de trabajo, para visitar a la familia, etc. Algunos son más agradables que otros, pero todos nos producen una serie de sentimientos tanto positivos como negativos. Vamos a analizar los llamados *viajes de placer*.

Los sentimientos nacen cuando planificamos el viaje y tomamos decisiones. Empezamos a leer sobre el lugar al que vamos a ir, a buscar vuelos o rutas en coche o tren, a decidir los itinerarios, comprar billetes, a reservar el alojamiento. Todo este proceso nos produce ilusión, pero también algo de nerviosismo y, a veces, inseguridad.

Después, ya en el viaje, lo normal es que salga todo bien y que tengamos experiencias maravillosas: disfrutamos de paisajes y espectáculos, conocemos a gente, etc. La felicidad de los viajes no está en las cosas materiales, sino en los recuerdos que guardamos: personas, aventuras, experiencias, anécdotas… Realizar un viaje nos produce sentimientos muy positivos, como alegría, euforia, etc. Y cada vez que recordamos los viajes, miramos y compartimos las fotos, vídeos y objetos que compramos, revivimos esas experiencias y emociones. Es verdad que podemos sentir nostalgia cuando nos acordamos de los buenos momentos, pero también alegría y satisfacción por el viaje realizado.

Además, viajar es bueno para nuestra salud mental. ¿Por qué? Pues porque estimula nuestro cerebro, al salir de la rutina y tener que afrontar situaciones diferentes en cada momento. Desconectamos de las preocupaciones y de los problemas de cada día, y nos centramos en sensaciones y situaciones nuevas, muchas veces, apasionantes.

Vivir experiencias diferentes a veces también puede ser difícil, porque podemos encontrarnos con algunos problemas. Tenemos que ser conscientes de que estamos en lugares con culturas, lenguas y costumbres diferentes y podemos sentirnos inseguros ante lo desconocido, e incluso llegar a sentir miedo. En muchos viajes tenemos que superar dificultades y debemos buscar la forma de hacerlo. El hecho de solucionar los problemas potencia nuestra autoestima.

En definitiva, viajar es más que comprar un billete e ir a un lugar. Es una especie de terapia y una manera de volver a la rutina con energía renovada. Cuando volvemos del viaje, generalmente, nos sentimos bien y tenemos ganas de empezar a preparar pronto un nuevo viaje.

C. ¿Y tú, qué sientes antes, durante y después de un viaje? Coloca estas palabras en esta línea del tiempo. Después, compárala con un compañero o compañera: ¿Tenéis la misma? `Ej. 1 y 2, p. 57`

D. Las expresiones en verde del artículo van frecuentemente juntas. Por ejemplo, la palabra decisiones siempre va con el verbo tomar. Escribe una frase con cada una en otras situaciones como en el ejemplo.

- *Superar dificultades:* pueden ser laborales, económicas, etc.
  Con la crisis tuve problemas, pero ya he superado aquellas dificultades económicas, estoy tranquilo.

-54-

2. Lo que más me gusta de viajar

A. Varias personas cuentan cómo viven los viajes. ¿Con quién estás de acuerdo, y en qué? `Ej. 3 y 4, p. 57`

> Estoy de acuerdo con Ismael. Me gusta preparar los viajes con antelación, pero...

Ismael
A mí me gusta preparar los viajes con antelación. Cuando viajo solo, estoy tranquilo, porque puedo organizarlo todo con tiempo. El problema es cuando viajo con otras personas y no decidimos las fechas, por ejemplo. Me pone nervioso ver que pasa el tiempo y que cada día los vuelos son más caros.

Iker
Cuando estoy de viaje, siempre estoy de buen humor. Salir de la rutina y no pensar en nada es lo que más me gusta. Trabajo mucho durante todo el año y siempre estoy estresado. Cuando llegan las vacaciones, no me lo puedo creer, me pongo muy contento. ¡Parezco otra persona!

Blanca
Viajar te abre la mente y te permite conocerte mejor a ti mismo. Creo que la gente que viaja suele ser más empática y más tolerante. En general, todo es positivo en los viajes, excepto cuando te pones enferma lejos de casa.

Nadia
Tengo la suerte de viajar mucho por mi trabajo y, a veces, me quedo unos días más para descansar. Siempre me pongo triste cuando vuelvo a la rutina. Por eso, hago muchas fotos. Me encanta mirarlas y recordar mis viajes.

B. Comenta ahora con otra persona. ¿Coincidís con los testimonios anteriores?

C. Subraya las frases con *estar* y *poner*. Después, observa los ejemplos y completa la regla.

Estar, poner y ponerse

- **Estar** expresa un estado
  Estoy tranquilo.
- **Poner** y **ponerse** expresan un cambio de estado:
  Me pongo triste cuando vuelvo a la rutina.
  Me pone nervioso ver que pasan los días.

- **Estar** + ⬜
- **Me pongo** + ⬜ (+ *cuando* + ⬜)
- (algo) **Me pone** + ⬜ + infinitivo

Ponerse y poner expresan lo mismo, pero funcionan de manera diferente:
- (yo) me pongo... cuando sucede algo.
  Me pongo contento cuando empiezo un viaje.
- Algo me pone ...
  Empezar un viaje me pone contento.
  Los viajes me ponen contento.
- Ponerse expresa el cambio y estar el resultado.
  Me pongo nervioso y, después, estoy nervioso.

D. Juego de *Tres en raya*. Por turnos, en parejas debéis elegir un verbo y escribir una pequeña situación para usarlo. Si es correcto, se marca en el cuadro y continúa la otra pareja. X O

poner	ponerse	estar
ponerse	estar	poner
estar	poner	ponerse

E. Ahora, escribe un testimonio para el blog de viajes de la clase.

3. Preparar un viaje

A. Cuando haces un viaje, ¿planificas todo con detalle, o te gusta improvisar? Haz una lista de todo lo que te parece importante. Comentadlo en pequeños grupos.

Ej. 5, p. 57

- Las vacunas
- El visado
- Los adaptadores de los enchufes

Sí, claro, lo primero en lo que pienso es en el visado.

Sí, es verdad, porque en algunos países es obligatorio.

B. Tres amigos preparan unas vacaciones a Filipinas. ¿De qué cosas hablan? Toma nota para completar esta tabla.

Diálogos	Tema de los que hablan
1.	
2.	
3.	
4.	

C. Aquí tienes unos fragmentos de la conversación. Clasifica estas funciones en el cuadro:

- expresar conocimiento
- preguntar por el conocimiento de algo
- expresar desconocimiento

Expresar conocimiento/desconocimiento

• _____

¿Sabes a qué hora…?
¿Sabéis cuántas horas…?
¿Habéis leído/oído algo sobre/de…?
¿Sabéis si necesitamos…?

• _____

Sí, yo lo sé/sabía.
Yo sé/he leído/he oído que…

• _____

No sé nada/no tengo ni idea de eso, pero…
No sabía que...
No lo sabía/No tenía ni idea/Yo pensaba que...

*Usamos el **pretérito imperfecto** para contrastar la información que teníamos con la que tenemos ahora. No sabía que necesitábamos un visado.*

D. En grupos de 3, imaginad que tenéis que viajar a un país de otro continente. ¿Qué sabéis de las vacunas, visados, adaptadores, etc.? Podéis buscar información en Internet. Comentadlo en pequeños grupos.

EJERCICIOS

UNIDAD 5 • secuencia 1

1. Imagina una situación para estos sentimientos.

1. Siento alegría cuando _____
2. _____ me hace mucha ilusión.
3. Siento miedo cuando _____
4. Cuando _____ me pongo nervioso/a.
5. Siento nostalgia cuando _____

2. Relaciona estas palabras. Después, completa las frases con las expresiones.

1. tomar
2. sentir
3. superar
4. desconectar
5. salir
6. sentirse

a. bien
b. miedo
c. decisiones
d. de la rutina
e. dificultades
f. de los problemas

1. A veces en los viajes tienes problemas y debes _____ difíciles.
2. Cuando estamos fuera de casa hacemos cosas diferentes, _____
3. Frente a una situación peligrosa, podemos _____
4. Ser capaces de _____ aumenta nuestra autoestima.
5. Cuando vamos de viaje estamos más contentos, _____
6. Durante los viajes nos olvidamos de las preocupaciones y _____

3. Completa estas frases con la opción correcta.

1. _____ nervioso cuando empiezo a tener problemas en los viajes.
   a. Me pongo   b. Estoy   c. Me ponen
2. Hoy no puedo ir a trabajar porque _____ enferma.
   a. me pongo   b. pone   c. estoy
3. _____ triste volver a la rutina.
   a. Estoy   b. Me pongo   c. Me pone
4. Cuando _____ tranquila, puedo disfrutar mucho más del momento.
   a. me pone   b. estoy   c. me pongo
5. Cuando planeo mis vacaciones _____ de buen humor.
   a. me pongo   b. me pone   c. me ponen

4. Termina estas frases con los verbos *poner, ponerse* o *estar*.

1. Cuando preparo mis vacaciones _____
2. Durante los viajes, voy al médico cuando _____
3. Cuando el avión tiene retraso _____
4. Prefiero no hablar con nadie cuando _____
5. Cuando vuelvo de un viaje _____

5. Completa el diálogo con estas frases.

sabes si | sabes cuántas | No sabía que
sabes a qué | Habéis leído algo | sé que
No tengo ni idea | No sé nada de eso

- Oye, ¿_____ hora llegamos a Buenos Aires?
+ Sí, _____ llegamos sobre las cuatro de la tarde, hora local.
- ¿Y _____ horas hay de diferencia?
+ _____, tendremos que informarnos.
- Oye, ¿_____ necesitamos un adaptador?
+ _____, pero podemos llevarlo.
- ¿_____ sobre visados?
+ ¿Visados? _____ necesitábamos un visado para Argentina.

U-5 secuencia 2

1. Viajar en avión

A. ¿Viajas frecuentemente en avión? ¿Crees que es fácil o difícil para las personas que vuelan por primera vez? ¿Por qué?

B. En este blog encontrarás una guía para principiantes. Complétala con las siguientes palabras. `Ej. 1 y 2, p. 61`

- tarjeta de embarque
- control de seguridad
- bandejas
- retrasos
- auxiliares de vuelo
- hacer escala
- asiento
- facture el equipaje
- cancelaciones
- cinturón de seguridad
- cinta
- control
- billetes

Blog del viajero

MIS RECOMENDACIONES | MIS DESTINOS FAVORITOS | VIAJANDO POR ESPAÑA | EUROPA | EL MUNDO

Volar por primera vez

1. Una vez que tenga los _____, reserve su _____ e imprima la _____. En general, se puede hacer unas 48 horas antes del viaje.

2. _____ El peso máximo aceptado suele ser de 23 kilos para una maleta y de 10 kilos para el equipaje de mano (maleta y bolso que se sube al avión).

3. Pase por el _____ y enseñe el pasaporte o carné de identidad. Retire de su equipaje portátiles, tabletas, también móviles, y póngalo todo en _____.

4. Consulte la información de las pantallas para localizar la puerta de embarque y saber si hay _____ o _____.

5. Para embarcar, siga las instrucciones de los _____. Póngase el _____ antes de despegar, apague el móvil y póngalo en modo avión.

6. Cuando ya haya aterrizado, antes de salir del avión, compruebe que no se olvida nada. Después, si facturó su equipaje, recoja sus maletas en la _____.

7. En algunos países, deberá pasar el _____ de Extranjería-Inmigración. Le pueden pedir el visado, el certificado de vacunas, el estado de su cuenta bancaria...

8. Si su itinerario de vuelo incluye un cambio de avión, tendrá que _____ en otra ciudad y dirigirse a Tránsitos.

> En los aeropuertos todo está señalizado y hay personal en los mostradores al que puede preguntar. En realidad, no es tan difícil. ¡Que tenga un feliz vuelo!

C. En la guía, todo es importante, pero subraya las instrucciones clave. Después, comenta con otra persona si alguna de ellas te pone nervioso/a. ¿Por qué?

> Cuando hemos aterrizado, me pone nervioso tener que esperar para salir del avión...

D. Son muchas las ventajas de viajar en avión, pero ¿cuáles son los problemas o incidentes más frecuentes? La revista *Viajero*, para su *podcast*, quiere conocerlos. Escucha y marca los problemas que han tenido algunos pasajeros. (11)

- ☐ Perder el avión
- ☐ Salir con horas de retraso
- ☐ Olvidar la documentación
- ☐ Perder la maleta
- ☐ Sufrir *overbooking*
- ☐ Oír que han cancelado su vuelo
- ☐ Tener que abrir la maleta y sacar todas las cosas en el control de seguridad

E. En grupo, vamos a contar anécdotas de vuelos. Piensa en una experiencia propia o de otra persona: ¿Qué pasó? ¿Cuándo? ¿Cuál era el destino? ¿Cómo se resolvió?

2. ¿Y tú qué harías?

A. Las personas nos conocemos mejor cuando tenemos que tomar decisiones en situaciones difíciles. Lee este cuestionario y marca con una X la opción que eliges.

Conócete a ti mismo como viajero

¿Qué harías?

1. Estás en otro país, es de noche y han cancelado tu vuelo.
   a. Pasaría toda la noche en el aeropuerto.
   b. Buscaría alojamiento.
   c. _____

2. Has perdido tu documentación.
   a. No sabría qué hacer.
   b. Pediría ayuda a la embajada.
   c. _____

3. Estás en un lugar donde la comida local es muy diferente.
   a. Comería hamburguesas, pizzas...
   b. La probaría, siempre será una experiencia.
   c. _____

4. Tus maletas, por error, están en otro país.
   a. Iría de compras. Es un buen pretexto.
   b. Pondría una reclamación.
   c. _____

5. Estás en un país tropical y la meteorología dice que se aproxima un huracán.
   a. Tendría mucho miedo y haría las maletas rápidamente.
   b. Haría lo mismo que hace la gente del país.
   c. _____

Solución: si tienes una mayoría de respuestas a, deberías tranquilizarte y viajar más. Si tienes una mayoría de respuestas b, eres un viajero experimentado. Si tienes una mayoría de respuestas c...

B. En el cuestionario hay un nuevo tiempo verbal: el condicional simple.

Ej. 3, 4 y 5, p. 61

a. Subraya para qué sirve:
   Expresar una obligación | Hablar de situaciones hipotéticas
   Hacer una predicción

b. Completa las conjugaciones y colorea las terminaciones para descubrir la regla. Después, completa también el cuadro de los irregulares.

	VIAJAR	COMER	DECIDIR
yo	viajaría		decidiría
tú		comerías	
él, ella, usted	viajaría		
nosotros/as		comeríamos	
vosotros/as			decidiríais
ellos/as, ustedes	viajarían		

El condicional simple

- El condicional **regular** se forma con el _____ + ía, ías, _____

- Verbos **irregulares**:
  Poner _____ Hacer/_____
  Tener/_____ / Saber _____

  _____/podría / _____/vendría
  _____/saldría / _____/habría
  _____/querría / _____/diría

- Los verbos irregulares en condicional se forman con la misma raíz irregular que en _____.

C. Añade una opción c. al cuestionario y compara las respuestas con tus compañeros y compañeras. ¿Actuáis de la misma forma?

D. Ahora, podéis crear juntos una situación más para viajar en avión.

a. _____
b. _____
c. _____

3. Consejos para viajar

A. En una sección de la revista *Viajero*, cuatro personas te dan consejos para viajar. ¿Con qué temas los relacionas?

1. El alojamiento
2. El transporte
3. El dinero y las tarjetas de crédito
4. La documentación
5. La salud
6. El teléfono y la conexión wifi
7. La diferencia horaria

Gaspar
"Deberías escanear tus documentos importantes, como el pasaporte, y guardarlo en una memoria USB. También puedes enviarlos a tu correo electrónico."

Agustín
"Tendrías que abrir una cuenta en Western Union; en caso de emergencia, siempre podrás acceder a ella desde cualquier parte del mundo."

Alejandra
"Yo que tú, tomaría siempre agua de botella, así evitarás enfermedades. Llevaría, además, un botiquín con pastillas de mi país."

B. Fíjate en los consejos anteriores y completa el cuadro.

Aconsejar y sugerir
(Usted/Tú)
Debería/s + _____
Podría/s + _____
Tendría/s + _____ + _____
Yo que tú/usted + _____

C. En grupo, vais a ampliar la sección de consejos de la revista relacionados con estos temas. Después, podéis compartirlos con la clase y votar por los que deberían publicarse.

- El alojamiento
- El transporte
- La diferencia horaria
- El dinero y las tarjetas de crédito
- La documentación
- La salud
- El teléfono y la conexión wifi

Estas son diferentes formas de dar consejos: las usamos para sugerir o aconsejar de una forma indirecta y cortés.

EJERCICIOS
UNIDAD 5 • secuencia 2

1. Ordena cronológicamente estos pasos para volar en avión.

☐ Pasar por el control de seguridad   ☑ 1 Comprar el billete   ☐ Aterrizar   ☐ Facturar el equipaje
☐ Imprimir la tarjeta de embarque   ☐ Embarcar   ☐ Recoger la maleta   ☐ Despegar

2. ¿En qué paso de los anteriores puedes escuchar estas frases? Escríbelo.

1. Recuerden apagar o poner en modo avión todos sus dispositivos electrónicos: *en el avión, antes de despegar.*
2. Ya han salido todas las maletas, ¿dónde está la mía?: _____
3. Compruebe las medidas de su equipaje de mano: _____
4. Pongan los portátiles y las tabletas fuera de las maletas, en las bandejas: _____
5. ¡A ver si puedo encontrar una buena oferta de vuelo!: _____
6. Prepare su pasaporte y su tarjeta de embarque: _____
7. Ya pueden desabrocharse los cinturones de seguridad: _____

3. Completa las tablas con los verbos en condicional. Escribe R si es regular o I si es irregular.

volar	tener	poder	venir	dar	deber	salir	pedir
						saldría	
				darías			
	tendría		vendría				pediría
volaríamos		podríamos			deberíamos		
R							

4. Completa los diálogos con estos verbos.

tener | ir | dejar | poder | hacer | deber | dar

1. Imagínate que tienes dinero, ¿a qué parte del mundo _____ ?
2. Yo _____ el trabajo y _____ la vuelta al mundo en bicicleta.
3. ¿De verdad quieres viajar con Luis? Pero si no lo conoces. Yo que tú, no lo _____
4. _____ pensar en qué necesitas de verdad, porque ya tienes la maleta muy llena.
5. _____ que trabajar todo el verano si quieres tener dinero para hacer tu viaje a Canadá.
6. Si necesitas más información, _____ preguntarle a Marisa, ella ya ha estado en la India muchas veces.

5. ¿Qué harías en esta situación...? Estás en otro país y has perdido todo tu dinero.

1. _____
2. _____
3. _____

6. Escribe seis consejos para viajar en avión. Usa estructuras diferentes.

1. _____
2. _____
3. _____
4. _____
5. _____
6. _____

CREA TU DICCIONARIO propio

Viajar
Completa el índice de esta revista de viajes.

Prepárate para volar
Comprar los billetes
_____
_____
_____

Naturaleza en vivo
Selva
_____
_____
_____

Emociones viajeras
_____
_____
_____
_____

¿Qué les preocupa a los viajeros?
Cancelar un vuelo
_____
_____
_____

Más allá de las palabras

Hay palabras muy utilizadas en un determinado campo profesional, que cuando se usan en otras situaciones dan un nuevo sentido a las frases.

A. Encuentra en estos diálogos las palabras relacionadas con volar en avión y coloréalas.

1. - Me he embarcado en una relación de pareja que no sé cómo acabará.
   - ¿Qué quieres decir?
   - Que va a ser muy complicado. Él tiene dos hijos y yo tres.
2. - El negocio no despega, todavía no tenemos suficientes beneficios; si seguimos así tendremos que cerrarlo.
   - ¿Qué dices? Si este es el primer año.
3. - Pues podemos ir a Londres este fin de semana. ¿Qué te parece?
   - ¿Qué has dicho?
   - ¡Aterriza, Miriam! Parece que no me escuchas. ¿En qué estás pensando?
4. - A Marisa le va muy bien en su trabajo, ahora es una mujer de negocios de altos vuelos. Tiene un buen sueldo, viaja mucho y en primera clase….
   - ¡Me alegro! Marisa ha trabajado mucho para conseguirlo.
5. - Me voy volando al banco, tengo que resolver un problema importante.
   - ¡Corre, corre! Solo tienes media hora antes de que cierre.

B. ¿Entiendes qué significan en estos contextos? Marca uno de estos significados.

- ☐ Cuando empiezas algo nuevo que implica cierta dificultad.
- ☐ Cuando hablamos de una persona o lugar de clase superior.
- ☐ Cuando alguien está distraído y queremos que nos escuche con atención.
- ☐ Cuando queremos ir muy rápido.
- ☐ Cuando empieza a funcionar algo.

C. Elige dos de las palabras anteriores y crea dos diálogos breves con ellas.

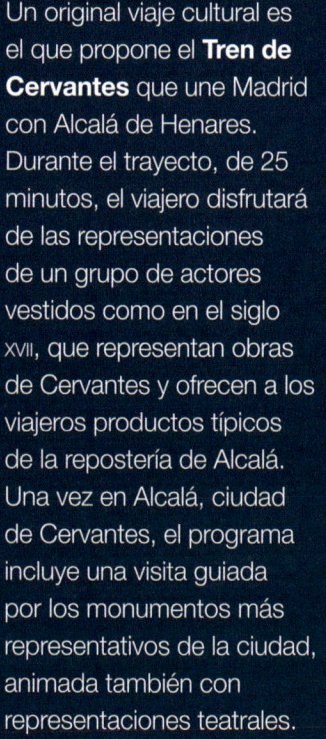

El Transcantábrico

El Transcantábrico clásico lleva 25 años ofreciendo un recorrido inolvidable, desde León a Santiago de Compostela, o viceversa. Los pasajeros pueden disfrutar durante ocho días de la cultura, la gastronomía y de un paisaje de lujo. El tren destaca por su comodidad y cuenta con un vagón restaurante y un vagón para fiestas o lectura, en los que los pasajeros pueden relajarse mientras viajan.

Tren de Cervantes

Un original viaje cultural es el que propone el **Tren de Cervantes** que une Madrid con Alcalá de Henares. Durante el trayecto, de 25 minutos, el viajero disfrutará de las representaciones de un grupo de actores vestidos como en el siglo XVII, que representan obras de Cervantes y ofrecen a los viajeros productos típicos de la repostería de Alcalá. Una vez en Alcalá, ciudad de Cervantes, el programa incluye una visita guiada por los monumentos más representativos de la ciudad, animada también con representaciones teatrales.

EXPERIENCIA CULTURAL

Viajes con encanto

Tren de Sóller

A través de montañas y túneles se abre paso el **Tren de Sóller** en Palma de Mallorca. Esta joya con un siglo de vida mantiene su carácter original y el encanto de los ferrocarriles de principios del siglo XX. Su recorrido, de una hora, permite a los viajeros disfrutar de los paisajes mediterráneos de la Sierra de Alfàbia. Su paso lento, pero seguro, por el puente de hierro sobre el Torrent Major y las **vistas de la bahía** convierten esta excursión en imprescindible en su visita de la isla.

El Al Andalus

El tren **Al Andalus** recorre distintos puntos de Andalucía. El placer del viaje también se basa en un cuidadoso equilibrio entre el desplazamiento en tren y la estancia y visita en las distintas etapas de la ruta: Sevilla, Granada, Córdoba y muchos otros lugares de gran interés. Mientras el tren permanece en la estación, el viajero podrá optar entre la excursión programada, quedarse a bordo o salir por su cuenta a disfrutar de la localidad en que se encuentre.

A
¿En qué medio de transporte te gusta viajar? ¿Por qué? ¿Has hecho algún viaje por España? ¿En qué medio de transporte?
Coméntalo en clase.

B
a. ¿Has hecho algún viaje largo en tren? ¿Conoces alguno famoso? Ahora, lee esta página de turismo y sitúalos en el mapa.

b. Después, elige uno de estos viajes, compáralo con tu compañero o compañera y explícale por qué lo has elegido. ¿Habéis coincidido?

CUATRO VIAJES EN TREN QUE NO TE PUEDES PERDER

Los trenes siempre han sido uno de los transportes preferidos por los grandes viajeros. Aunque han sido sustituidos por otros transportes más rápidos, los viajes en tren están llenos de historias, misterios e incluso asesinatos. En España los distintos itinerarios que ofrecen los trenes turísticos te llevarán a recorrer la geografía española en busca de nuevas sensaciones. Podrás realizar viajes culturales, temáticos, para los amantes de la naturaleza o pensados para ir con niños. Todo un placer para disfrutar y dejarse llevar por la velocidad. ¡Pasajeros al tren…! Siéntense que empezamos el recorrido.

C
¿En tu país hay algún viaje especialmente recomendable para tus compañeros?
¿Qué medios de transporte hay que usar? ¿Qué se puede hacer? ¿En qué época del año es mejor ir?

VÍDEOS
★ EXPERIENCIAS 8 ★

Unidad 1
▶▶ **Españoles por el mundo** (p. 65)

En este fragmento conocemos a una mujer que se fue de España para vivir en un país hispanoamericano. La experiencia de Silvia nos permite acercarnos a un país fascinante por su belleza y su gente.

Unidad 2
▶▶ **Cacao, la bebida de los dioses** (p. 66)

Este pequeño reportaje nos aporta interesantes datos sobre esta bebida caliente tan popular, el chocolate. Nos habla de su origen prehispánico, de cómo se preparaba y de la importancia que sigue teniendo en México.

Unidad 3
▶▶ **Bendita siesta** (p. 67)

En la sección de salud de un programa televisivo, un médico nos cuenta el origen histórico de la siesta y los mitos que la rodean. Puntualiza cuáles son las condiciones necesarias para que la siesta sea beneficiosa.

Unidad 4
▶▶ **El amor brujo** (p. 68)

Descubrimos la versión de la Fura dels Baus de *El amor brujo* protagonizada por una cantante de flamenco. Se trata de una obra clásica reinterpretada por una compañía que utiliza elementos escénicos muy sorprendentes.

Unidad 5
▶▶ **El Transcantábrico Gran Lujo** (p. 69)

Este pequeño reportaje nos invita a descubrir un tren famoso que recorre el norte de España. En la experiencia cultural de la unidad, hablamos del Transcantábrico clásico, cuyo recorrido empieza en León. Aquí nos presentan el Transcantábrico Gran Lujo, cuyo recorrido empieza en San Sebastián.

Todos los vídeos están disponibles en  (www.edelsa.es)

Unidad 1
¿Y qué pasó entonces?

▸▸ Españoles por el mundo

Antes del visionado

1 Lee esta noticia para descubrir el programa de televisión *Españoles por el mundo*.
¿Te gustaría verlo? ¿Por qué? ¿Existe un programa similar en tu país?

> En Radio Televisión Española (RTVE) estrenamos a las 22:00 el nuevo programa *Españoles por el mundo*. Visitaremos a los españoles que residen fuera para conocer dónde y cómo viven. En cada programa descubriremos un país nuevo: su gastronomía, sus costumbres y lugares de interés de la mano de un grupo de españoles.

2 En el programa de hoy conocerás un país de Hispanoamérica.

a. **Descúbrelo a través de estas pistas.**

Está en el mar Caribe.
Fidel fue el líder de su Revolución.
Fue colonia española hasta 1898.
El son y el mambo son estilos musicales de allí.

b. **¿Qué más cosas sabes de este país: comida, lugares de interés, carácter de las personas?**

Durante el visionado

3 Mira el fragmento. (Del minuto 20:22 al 22:02)

A. Completa la ficha de esta española entrevistada para el programa. Después, dibuja en el mapa el trayecto con una flecha.

Nombre:..............................
Ciudad de origen:..............................
País de destino:..............................
Edad:..............................
Profesión:..............................
Duración de la estancia:..............................

B. **Silvia da clases de salsa:**

a. ¿Dónde, en qué tipo de local?
b. ¿Ella sola, o tiene otro profesor en la escuela?
c. ¿Qué tipo de alumnos tiene?

4 ¿Qué dice Silvia acerca del carácter de los cubanos? Toma nota. Si conoces cubanos, utiliza otros adjetivos para definirlos. (Del minuto el 23:25 al 23:55)

Son..............................

Después del visionado

5 En parejas, imaginad y narrad por qué Silvia se fue a Cuba: ¿por amor, trabajo, una amiga…? Luego, cada pareja comparte su versión con la clase y se elige la más interesante.

6 ¿Te gustaría aprender a bailar salsa? Mira algún tutorial en You Tube y practica el paso básico.

Unidad 2
¿Con qué sueñas?

▶▶ Cacao, la bebida de los dioses

Antes del visionado

1. Lee el título del vídeo y comentad en pequeños grupos estas tres palabras.

Cacao ¿Para qué crees que se puede usar el cacao?
Bebida ¿De qué otras maneras se puede tomar? ¿En polvo, en tableta?
Dioses ¿A qué dioses se refiere? ¿De qué civilización?

Durante el visionado

(Hasta el minuto 2:08)

2. ¿Sabes qué plato típico mexicano está hecho con chocolate? Elige una de estas tres opciones. Descubrirás la respuesta en el vídeo.

    a. La salsa de mole   **b.** Los tamales   **c.** Los tacos

3. Mira el principio del vídeo, escucha y marca el nombre de las tres culturas prehispánicas que menciona cuando habla de la cultura mexicana de hace 4000 años.

    Maya ☐   Azteca ☐   Olmeca ☐   Tolteca ☐   Inca ☐

4. Vuelve a visionarlo y responde a estas preguntas:

a. ¿Qué otros dos ingredientes, junto con el cacao, usaban hace 4000 años en México para hacer chocolate? ………….. …………..

b. ¿En qué eventos lo usaban?
c. ¿Para qué usaban también las semillas o almendras?
d. ¿Qué añadieron y qué eliminaron los españoles a la manera original de tomar el chocolate?

5. El chocolate se ha incorporado a la gastronomía mexicana. Completa estas frases.

a. (…) La gastronomía mexicana contempla las semillas del cacao, por lo que podemos encontrarlo en diferentes tipos de ………….

b. El chocolate es el más famoso (…) y se acompaña con …………………………

Después del visionado

6. ¿Qué has aprendido en este vídeo sobre el chocolate?

En parejas, escribid un pequeño texto explicativo para el Museo del Chocolate de Barcelona.

- ¿De qué planta procede?
- ¿Cuál es su origen? ¿Para qué y quién lo usaba?
- ¿Cómo se ha introducido en la gastronomía mexicana? Etc.

Unidad 3
¿Ocio o trabajo?

▶▶ Bendita siesta

Antes del visionado

1. ¿Cómo interpretas la expresión *Bendita siesta*? Si lo necesitas busca en un diccionario. Después, responde a estas preguntas y coméntalas con tu compañero o compañera.

a. ¿Cuántas horas trabajas al día? ¿Qué descansos tienes? ¿Dónde? ¿Crees que necesitas dormir una siesta?
b. ¿Qué diferencia hay para ti entre dormir la siesta y dormir durante la noche?
c. ¿Dormir la siesta siempre es bueno, o depende de cuándo, dónde…?

Durante el visionado

2. En la sección de salud del programa *Buenos días, Madrid*, el médico Darío Fernández nos habla del origen histórico de la siesta. Escucha y marca las opciones correctas.

(Hasta el min 2:30)

a. La siesta es un invento…
☐ romano ☐ español ☐ chino

b. En aquella época dormían la siesta…
☐ los trabajadores del campo
☐ los *ociosi*, una clase social rica
☐ los artistas

c. Quien copió la idea de la siesta y la trajo a España fue…
☐ El médico Hipócrates ☐ El rey Carlos V
☐ El religioso San Benito

d. El nombre de *siesta* proviene de…
☐ la fiesta ☐ la hora sexta ☐ la secta

3. ¿Siempre es buena la siesta?

a. Fíjate en lo que dice Darío Fernández y marca en este cuadro lo que es correcto.
b. Escúchalo otra vez y añade algo más de información.

¿Cuándo?
- Entre las doce y las dos o entre las tres y las cuatro de la tarde.
  _____

¿Dónde?
- En la cama o en el sofá
  _____

¿Cómo?
- En silencio o con la tele encendida
- A oscuras o con poca luz
  _____

¿Cuánto?
- Una hora o 30 minutos
  _____

Después del visionado

4. ¿Qué preguntas te gustaría hacerle a Darío Fernández sobre la siesta? Escríbelas.

5. Con la nueva información preparad en parejas una diapositiva más para el programa.

Unidad 4
¿Ser o no ser?

▶▶ *El amor brujo*, fusión entre lo clásico y lo moderno

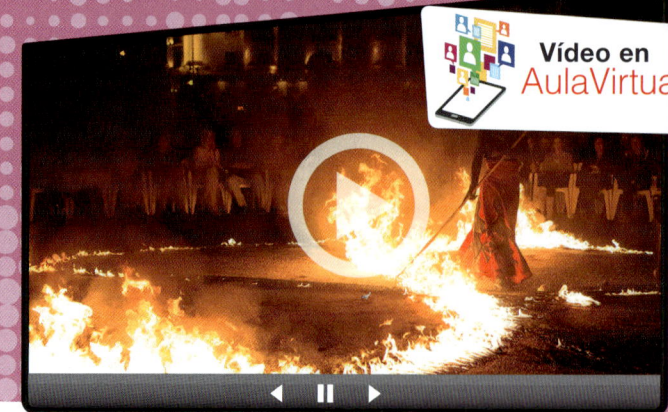

Antes del visionado

1. La compañía de teatro La Fura dels Baus utiliza elementos escenográficos sorprendentes, como el agua, el fuego, grúas... Mira este fragmento de la puesta en escena de la obra *Carmina Burana* de Carl Orff, ¿te gustaría verla? ¿Qué te ha sorprendido?
(del minuto 0:04 al 1:00)

2. Lee ahora el argumento de la obra *El amor brujo* de Manuel de Falla. ¿Qué tres palabras te parecen importantes para resumir la historia? Escríbelas.

El amor brujo es una pieza musical de Manuel de Falla, uno de los compositores españoles más importantes de la primera mitad del siglo XX. La compuso para Pastora Imperio, una famosa cantante y bailarina de flamenco de aquella época. Cuenta la historia de Candela, una joven gitana que comienza una relación con Carmelo, aunque vive obsesionada por su antiguo amante muerto. Una historia de hechizos y brujería, donde la figura del celoso amante muerto se le aparece a Candela. Con la ayuda de Carmelo y de su amiga Lucía consiguen romper el hechizo en una de las escenas más famosas de la obra, la danza de fuego. Al final, Candela puede empezar una nueva vida con su verdadero amor.

Durante el visionado

(Del minuto 0:24 al 2:30)

3. Ahora, mira el fragmento y completa esta ficha.

> Intérprete actual: ....
> Fecha original del estreno: ....
> Intérprete original: ....
> Nombre del papel protagonista: ....
> Género y tema: ....

4. Marina Heredia, cantante de flamenco, nos habla de la versión de La Fura dels Baus de *El amor brujo*. Marca las tres frases que dice Marina.

a. La puesta en escena (escenografía) es muy diferente a otras versiones. ☐
b. Hemos visto muchas veces antes esta escenografía. ☐
c. La tierra y el agua son los elementos principales de la obra. ☐
d. En el escenario hay agua y fuego. ☐
e. Hay una grúa de 25 metros que sube y baja a la protagonista. ☐
f. Los músicos tocan en una grúa. ☐

Después del visionado

5. ¿Te gusta la fusión de obras clásicas, musicales, óperas o cine con elementos modernos? Si conoces o has visto alguna, cuenta tu experiencia. Comentad en pequeños grupos si os gustaría ver esta obra y por qué.

6. ¿Conocéis a otros compositores, cantantes o bailarines españoles o hispanoamericanos?
a. Buscad en Internet información sobre un/-a compositor/-a o un/-a cantante español/-a.
b. Presentadlo al resto de la clase. Podéis poner un fragmento de su música. ¿Cuál os ha gustado más?

Unidad 5
¿Viajar siempre es un placer?

▶▶ El Transcantábrico, un tren de lujo

Vídeo en AulaVirtual

Antes del visionado

1 Imagina que vas a hacer un viaje en el Transcantábrico. ¿Cómo crees que es este tren: moderno, antiguo…? ¿Qué tipo de personas crees que viajan de esta manera: familias, parejas…? Comentadlo en pequeños grupos.

2 ¿Qué te gustaría saber sobre este tren antes de empezar el viaje? Márcalo en esta lista. ¿Tus compañeros han marcado lo mismo? ¿Qué más información os gustaría tener? Escribe una o dos preguntas más.

a. ¿De dónde sale el tren? ¿Cuál es su destino?
b. ¿Cuántas paradas hace el tren?
c. ¿Cuántos kilómetros recorre?
d. ¿Cómo son las habitaciones? ¿De qué época es el tren?
e. ¿Cuántas personas viajan?
f. ¿Cuánto cuesta el Transcantábrico para una pareja?
g. ....

Durante el visionado

3 En el reportaje vas a escuchar dos frases sobre el Transcantábrico.
¿Qué crees que quieren decir? ¿Y tus compañeros?
a. El tren es como un hotel de cinco estrellas rodante.
b. Todo en el tren nos retrotrae a principios del veinte.

(Hasta el minuto 1:54 y desde el minuto 2:22 hasta el 2:44)

4 Mira el vídeo y escribe las respuestas a las preguntas del punto 2.
a. ....
b. ....
c. ....
d. ....
e. ....
f. ....

5 La periodista formula preguntas a algunas personas en el tren.
¿Sobre qué temas hablan? Toma nota.
....
....

Después del visionado

6 Ahora que ya sabes más sobre el tren, ¿te gustaría hacer este viaje? ¿Por qué? ¿Qué es lo que más te ha gustado? ¿Y lo que menos? Habladlo en pequeños grupos.

7 Imagina que un organismo oficial de promoción del turismo de España necesita una nueva propuesta de tren turístico.
a. Haced una descripción del tipo de tren.
b. Elegid una ciudad de origen, un destino y el itinerario, y marcadlo en un mapa.
c. Escribid los lugares para visitar y qué se puede ver y hacer a lo largo del camino.

UNIDAD 1
¿Y qué pasó entonces?

Adjetivos para valorar y reaccionar
- aburrido/a
- agradable
- alegre
- bueno/a
- deprimido/a
- divertido/a
- emocionante
- estresante
- frustrante
- impresionante
- increíble
- interesante
- malo/a
- maravilloso/a
- motivador/-a
- nervioso/a
- orgulloso/a
- romántico/a
- simpático/a
- sociable
- terrible
- tímido/a
- triste

El comportamiento social
- abrazarse
- acercarse
- acordarse de
- besarse
- callarse
- comportarse
- contar una anécdota / experiencia
- contar un chiste
- despedirse
- despertarse
- divertirse
- ducharse
- enamorarse
- enfadarse
- hacer una broma
- hacerse
- interrumpirse
- levantarse
- recordar
- reírse
- saludarse
- sorprenderse
- verse

UNIDAD 2
¿Con qué sueñas?

Buenos deseos
- ¡Buen provecho!
- ¡Buen viaje!
- ¡Enhorabuena!
- ¡Felicidades!
- ¡Que lo disfrutes!
- ¡Que lo pases bien!
- ¡Que seáis felices!
- ¡Que te mejores!
- ¡Que tengas suerte!
- ¡Que te vaya bien!

El dormitorio
- la alfombra
- la almohada
- el ambiente
- el armario
- la cama
- el cojín
- el colchón
- la cortina
- la decoración
- el despertador
- el edredón
- la iluminación
- la lámpara
- la luz
- la manta
- la mesita de noche
- la pared
- el pijama
- la ropa de cama
- la sábana
- la temperatura

El sueño
- acostarse
- dormir
- dormirse
- levantarse
- meterse en la cama
- relajarse
- soñar
- tener insomnio / pesadillas

Las bebidas calientes
- el cacao
- el café
- el (café) bombón / con leche / cortado / descafeinado / manchado / solo
- el chocolate
- la infusión
- el rooibos
- el té

UNIDAD 3
¿Ocio o trabajo?

Las actividades de ocio/aficiones
- el baile
- el bricolaje
- la cocina
- los deportes
- los idiomas
- la jardinería
- las manualidades
- las terapias corporales

Expresiones
- apuntarse a un taller
- asistir a una feria
- dar una charla
- entrenar a un equipo
- grabar un reportaje
- hacer un intercambio
- montar un grupo
- programar un festival

El ámbito laboral
- la conferencia
- el conocimiento
- el departamento
- la formación
- el foro
- la habilidad
- el/la jefe/a
- la jerarquía
- la jornada laboral
- el liderazgo
- la motivación
- el negocio
- el permiso
- la presentación
- el proyecto
- el sueldo
- el trabajo en equipo

El clima laboral
- aportar
- aprender a
- capacitar
- compartir
- compatibilizar
- comprometerse
- conciliar
- confiar en
- convivir con
- crear
- cumplir
- dedicar
- dedicarse a
- disfrutar
- exigir
- flexibilizar
- fomentar
- fortalecer
- impartir
- mejorar
- motivar
- organizar
- reclamar
- relacionarse con
- requerir

Las competencias y habilidades
- ser bueno en tocar el piano
- ser malo en cocinar
- ser bueno haciendo fotos
- ser malo haciendo manualidades
- ser un genio en bailar
- ser un desastre en jugar
- ser un genio hablando idiomas
- ser un desastre cantando

UNIDAD 4
¿Ser o no ser?

Los adjetivos de carácter
- aburrido/a
- agradable
- alegre
- ambicioso/a
- arrogante
- autoritario/a
- avaricioso/a
- bueno/a
- celoso/a
- cruel
- decidido/a
- desordenado/a
- divertido/a
- egoísta
- indeciso/a
- inocente
- inseguro
- inteligente
- intolerante
- listo/a
- maduro/a
- malo/a
- manipulador/-a
- maravilloso/a
- mentiroso/a
- negativo/a
- nervioso/a
- oprimido/a
- ordenado/a
- orgulloso/a
- perverso/a
- poderoso/a
- romántico/a
- seductor
- seguro de sí mismo
- sencillo/a
- simpático/a
- sincero/a
- sociable
- tímido/a
- tolerante
- trabajador/-a
- tranquilo/a
- valiente
- vengativo/a

Los adjetivos de estados de ánimo
- aburrido/a
- alegre
- asustado/a
- cansado/a
- contento/a
- deprimido/a
- desilusionado/a
- estresado/a
- ilusionado/a
- nervioso/a
- preocupado/a
- tranquilo/a
- triste

El teatro
- las acotaciones
- el acto
- la actuación
- la comedia
- el director
- el drama
- la escena
- el escenario
- la escenografía
- el espacio
- el espectador
- el género
- el guion
- el musical
- la ópera
- el papel
- el personaje
- el protagonista
- la puesta en escena
- el secundario
- la sinopsis
- el tiempo
- la tragedia
- la trama
- el vestuario

Verbos
- actuar
- convertirse
- dar vida
- dirigir
- empezar
- evolucionar
- hacerse
- interpretar
- terminar
- volverse

UNIDAD 5
¿Viajar siempre es un placer?

Las emociones y los sentimientos
- el aburrimiento
- la alegría
- la ansiedad
- el cariño
- la curiosidad
- la felicidad
- la frustración
- la ilusión
- la impaciencia
- el miedo
- el nerviosismo
- la nostalgia
- el placer
- la preocupación
- la satisfacción
- la serenidad
- la sorpresa
- la tranquilidad

Los viajes en avión
- el asiento
- los auxiliares de vuelo
- el billete
- la cancelación
- la cinta
- el cinturón de seguridad
- el control de seguridad
- la documentación
- el embarque
- el equipaje
- el equipaje de mano
- la escala
- la maleta
- la reclamación
- el retraso
- la tarjeta de embarque
- la terminal
- el vuelo

Expresiones
- abrocharse el cinturón
- cancelar un vuelo
- embarcar
- facturar el equipaje
- imprimir la tarjeta de embarque
- hacer escala
- pasar el control
- perder el avión
- poner una reclamación
- tener retraso

Los viajes en tren
- el asiento
- el billete
- el destino
- el equipaje
- la estación
- la maleta
- el origen
- la parada
- el recorrido
- el retraso
- el vagón

GRAMÁTICA
★ EXPERIENCIAS 8 ★

Los verbos pronominales

Verbos pronominales

En los **verbos reflexivos** la persona realiza y recibe la acción.

Yo siempre me levanto a las ocho.

En los **verbos recíprocos** una persona (1) realiza una acción hacia otra persona (2) que a su vez realiza una acción hacia la persona (1).

Los españoles se besan y se abrazan.

Unidad 1, p. 11

LEVANTARSE	SORPRENDERSE	DORMIRSE
me levanto	me sorprendo	me duermo
te levantas	te sorprendes	te duermes
se levanta	se sorprende	se duerme
nos levantamos	nos sorprendemos	nos dormimos
os levantáis	os sorprendéis	os dormís
se levantan	se sorprenden	se duermen

Los verbos en pluscuamperfecto

Pretérito pluscuamperfecto

El **pretérito pluscuamperfecto** se forma con:

El imperfecto del verbo *haber* y el participio del verbo.

Expresa una acción o situación en el pasado anterior a otra acción o situación también pasada.

Cuando Cecilia llegó al restaurante, Eneko ya se había ido.

Unidad 1, p. 7

ESTAR	CONOCER	VIVIR
había estado	había conocido	había vivido
habías estado	habías conocido	habías vivido
había estado	había conocido	había vivido
habíamos estado	habíamos conocido	habíamos vivido
habíais estado	habíais conocido	habíais vivido
habían estado	habían conocido	habían vivido

Los verbos en condicional

	VIAJAR	COMER	DECIDIR
yo	viajaría	comería	decidiría
tú	viajarías	comerías	decidirías
él, ella, usted	viajaría	comería	decidiría
nosotros/as	viajaríamos	comeríamos	decidiríamos
vosotros/as	viajaríais	comeríais	decidiríais
ellos/as, ustedes	viajarían	comerían	decidirían

Aconsejar y sugerir

(Usted/Tú)

Debería/s + infinitivo: *Deberías escanear tus documentos.*

Podría/s + infinitivo: *Podría viajar en tren.*

Tendría/s + que + infinitivo: *Tendrías que abrir una cuenta.*

Yo que tú/usted + condicional: *Yo que tú, tomaría siempre agua de botella.*

Unidad 5, p. 60

El condicional simple

- El condicional **regular** se forma con el infinitivo ía, ías, ía, íamos, íais, ían.

- Verbos **irregulares**: poner/pondría, hacer/haría, tener/tendría, saber/sabría, poder/podría, venir/vendría, salir/saldría, haber/habría, querer/querría, decir/diría.

- Los verbos irregulares en condicional se forman con la misma raíz irregular que en futuro.

Unidad 5, p. 60

Ser, estar, poner y ponerse

Ser y estar

- Algunos adjetivos **se usan solo con *ser*:**
  Es inteligente. Es mentirosa.
  Define la esencia y las características de una persona o de algo.
- Otros **se usan solo con *estar*:**
  Estoy cansada. Estoy preocupado.
  Expresa el estado de una persona o de algo.
- Otros pueden usarse con **ser** y **estar**:
  - Van con *ser* cuando se trata de identificar o definir unas cualidades esenciales.
    Mi jefe es muy nervioso, se mueve continuamente.
    Es una característica de su carácter.
  - Van con *estar* cuando es algo circunstancial.
    Hoy estoy muy nerviosa porque tengo el examen por la tarde.
    No soy una persona nerviosa, pero lo estoy por el examen de hoy.

Unidad 4, p. 48

Usos de *ser* y *estar*

- Cuando identificamos, definimos la esencia de una persona y sus características, utilizamos el verbo *ser*.
- Cuando hablamos de las circunstancias: cambios, ubicación, estado, etc. utilizamos el verbo *estar*.

Unidad 4, p. 46

Estar, poner y ponerse

- *Estar* expresa un estado:
  Estar + adjetivo.
  Estoy tranquilo.
- *Poner* y *Ponerse* expresan un cambio de estado:
  Me pongo + adjetivo (+ *cuando* + presente)
  (algo) **Me pone** + adjetivo + infinitivo
  Me pongo triste cuando vuelvo a la rutina.
  Me pone nervioso ver que pasan los días.

Unidad 5, p. 55

Expresar cambios

- ***Volverse*** + adjetivo
  Cambio progresivo de carácter, actitud o ideología. Muchas veces indica un cambio a algo negativo.
  Se ha vuelto egoísta. Se ha vuelto desordenada.
- ***Hacerse*** + adjetivo o sustantivo
  Cambio de aspecto externo, profesión, hábito, ideología, religión etc.
  Se hizo hechicera. Se hizo socio del club. Se hizo vegetariano. Se hizo budista.
- ***Convertirse*** en + sustantivo
  Cambio radical, transformación total.
  Se convirtió en una mala persona.

Unidad 4, p. 44

Comparar cantidades

- **Superioridad e inferioridad**
  Más/menos + de + cantidad.
  Menos del 50% de la población...
  Más de la mitad de la población...

- **Igualdad**
  Igual + de + adjetivo/adverbio + que
  Este curso es igual de caro que el otro.
  Este trabajo está igual de bien hecho que el otro.

Unidad 3, p. 35

Expresar intensidad

- ***Muy*** + adjetivo o adverbio
- Verbo **+ *mucho***
  Lo hacía muy bien.
  Había trabajado mucho.
  - **El superlativo.** Se forma añadiendo *-ísimo/a* al adjetivo o al adverbio.

Estaba nerviosísima.
Me gustó muchísimo.
- **Con algunas expresiones coloquiales**
  Me ayudó un montón, que significa *mucho.*

Unidad 1, p. 8

Los verbos en subjuntivo

Los verbos en presente de subjuntivo

Verbos regulares

	VIAJAR	LEER	VIVIR
yo	viaje	lea	viva
tú	viajes	leas	vivas
él, ella, usted	viaje	lea	viva
nosotros/as	viajemos	leamos	vivamos
vosotros/as	viajéis	leáis	viváis
ellos/as, ustedes	viajen	lean	vivan

Verbos irregulares

	PODER	PENSAR	TENER	PEDIR	SER
yo	pueda	piense	tenga	pida	sea
tú	puedas	pienses	tengas	pidas	seas
él, ella, usted	pueda	piense	tenga	pida	sea
nosotros/as	podamos	pensemos	tengamos	pidamos	seamos
vosotros/as	podáis	penséis	tengáis	pidáis	seáis
ellos/as, ustedes	puedan	piensen	tengan	pidan	sean

	HABER	ESTAR	SABER	IR	VER
yo	haya	esté	sepa	vaya	vea
tú	hayas	estés	sepas	vayas	veas
él, ella, usted	haya	esté	sepa	vaya	vea
nosotros/as	hayamos	estemos	sepamos	vayamos	veamos
vosotros/as	hayáis	estéis	sepáis	vayáis	veáis
ellos/as, ustedes	hayan	estén	sepan	vayan	vean

Las expresiones

Expresar deseos

Ojalá + (que) + subjuntivo
Ojalá pueda escribir mi blog.
Una frase simple, con un solo sujeto
Deseo/quiero/espero + infinitivo
Quiero empezar un blog de viajes.

Dos frases diferentes con dos sujetos diferentes
Deseo/quiero/espero + que + verbo en subjuntivo
Deseo que otras personas viajen.
Fórmula para felicitar, animar, etc. ¡Que + subjuntivo!
¡Que tengas mucho éxito!

Unidad 2, p. 19

Expresar petición o necesidad

Necesitar
Querer
Pedir
Exigir
Reclamar

+

- Una frase con un solo sujeto + sustantivo
- Una frase con un solo sujeto + infinitivo
- Dos frases con dos sujetos diferentes + que + presente de subjuntivo

Exigimos instalaciones deportivas.

Necesitamos construir un museo.

Queremos que el centro de ocio esté abierto tarde.

Unidad 3, p. 31

Hacer recomendaciones

Personales
Es + adjetivo + que + sustantivo   *Es importante que cuides los detalles.*

Generales
Es + adjetivo + infinitivo   *Es importante tener una buena cama.*

Imperativo
Evita las lámparas en el techo.

Adjetivos para hacer recomendaciones
Es recomendable, es fundamental, es aconsejable.

Unidad 2, p. 23

Contar una anécdota

Comenzar la anécdota (pretérito perfecto simple)
No vais a creer lo que nos pasó a nosotros...

Situarla en el tiempo y el espacio (imperfecto)
Estábamos en Madrid. Era un día de verano.

Reaccionar ante lo que cuentan
Expresar sorpresa: *¿Qué me dices?*
Expresar algo positivo: *¡Qué romántico!*
Expresar algo negativo: *¡Qué vergüenza!*

Pedir aclaraciones sobre lo que cuentan
¿Y te pasó algo?

Continuar la anécdota
Resulta que la conductora era mi jefa.
Total, que la conductora era mi jefa.

Terminar la anécdota
(pretérito perfecto simple.)
En fin, que nos reímos todos.

Unidad 1, p. 12

Expresar conocimiento o habilidad

- **Expresar conocimiento**
Sé + (algo/poco/un poco/mucho) + de + sustantivo
Sé mucho de plantas.

- **Expresar habilidad**
Soy (bueno/malo) + {en/con + sustantivo / gerundio}
Soy malo con los videojuegos.
Soy bueno jugando a los videojuegos.

Soy un genio/desastre + para + sustantivo
Soy un genio para el baile.

Soy un genio/desastre + gerundio
Soy un desastre pintando.

- **Me gusta + infinitivo + y lo hago (muy) bien/mal.**
Me gusta pintar y lo hago bien.

Unidad 3, p. 36

Expresar conocimiento o desconocimiento

- **Preguntar por el conocimiento de algo**
¿Sabes a qué hora...?   ¿Sabéis cuántas horas...?
¿Habéis leído/oído algo sobre/de...?   ¿Sabéis si...?

- **Expresar conocimiento**

Sí, yo lo sé/sabía.   Yo sé/he leído/he oído que...

- **Expresar desconocimiento**
No sé nada/No tengo ni idea de eso, pero...
No sabía que... No tenía ni idea/Yo pensaba que...

Unidad 5, p. 56

TRANSCRIPCIONES AUDIO
EXPERIENCIAS 8

★ UNIDAD 1 ★

Pista 1
— Pues no os vais a creer lo que me pasó a mí hace unos años…
— ¡A ver, cuenta, cuenta!
— Pues quería estar sola. Había roto con mi novio de entonces, Jorge. Los dos teníamos mucho trabajo y poco tiempo para nosotros y la relación no iba bien. Me fui a una casa rural, preciosa, aislada, tranquila… y el primer día fui a pasear… y cuando estaba en lo alto de la montaña, feliz, orgullosa de mí misma, vi venir a alguien corriendo y…¡¡¡era mi novio!!! ¡Estaba en la misma casa rural que yo!
— ¿Y qué pasó?
— Pues pasamos un fin de semana tranquilo, con tiempo para hablar, pasear y… al final volvimos juntos.
— ¡Ay, qué romántico!
— Bueno, no duró mucho, porque apareció Luis y ¡ya sabéis!

Pista 2
— ¿Qué te parece el artículo? La verdad es que estoy cansado de la idea que los demás tienen de nosotros, los españoles.
— Sí, siempre hay muchos estereotipos. ¿Y qué te molesta a ti?
— Pues me molesta cuando dice que siempre estamos en grupos grandes. A mí, por ejemplo, no me gusta estar con mucha gente. Salgo con mi pareja y de vez en cuando con dos o tres amigos. Eso es todo.
— Tienes razón, te entiendo. Y esta idea de que todos somos tan divertidos, que siempre estamos haciendo bromas y contando chistes. A mí, por ejemplo, no me gusta nada contar chistes y menos hacer bromas.
— Sí, y que somos muy cariñosos. Ja, ja, si conoces a mi familia… Creo que nos damos un beso al mes.
— Yo no sé por qué a los extranjeros les llaman la atención estas cosas al comparar nuestra cultura con la suya. No lo entiendo.
— A mí me parece peligroso generalizar, pero quizás nosotros lo hagamos también con otras culturas. ¿No crees?

★ UNIDAD 2 ★

Pista 3
— Bueno, vamos a dar paso a tres llamadas y, después, Encarna responderá. La primera persona que nos va a explicar su problema brevemente es Pablo. ¡Adelante!
— Buenos días a todos. Bueno, mi problema es que cuando me voy a la cama no puedo dormirme. Me pongo muy nervioso y es peor. No sé qué hacer, ¿qué puede recomendarme?
— Gracias, Pablo. Pasamos a escuchar a Lorena.
— Pues yo llamo porque estas últimas semanas tengo muchísimo trabajo y estoy muy cansada. Cuando me voy a la cama me duermo, pero luego me despierto y no puedo volver a dormirme en horas. ¿Qué recomendación me das?
— Gracias, Lorena. Vamos a escuchar ahora a Nico. Adelante, Nico.
— Yo por las noches no tengo sueño y me acuesto muy tarde. Cuando me duermo, todas las noches empiezo a soñar cosas horribles. Luego, por la mañana, estoy muy cansado y me duermo en el trabajo.

Pista 4
— Bueno, pues ahora Encarna va a darnos unas recomendaciones. Espero que os ayuden.
Pablo, tienes que buscar o crear una nueva rutina que te ayude. Es bueno tomar una bebida caliente antes de acostarte: una infusión, por ejemplo… También es importante que hagas deporte para estar cansado físicamente. Por último, intenta acostarte siempre a la misma hora y leer un rato antes de apagar la luz.
Querida Lorena, tienes un claro problema de estrés. Es recomendable que intentes trabajar un poco menos o que hagas alguna pausa para relajarte y descansar. Probablemente cuando te acuestas estás muy cansada, pero tu cabeza no puede parar. Es aconsejable que antes de irte a la cama hagas algún tipo de meditación o escribas lo que tienes que hacer al día siguiente: te ayudará a ordenar tus pensamientos y podrás dormir más tranquila.
Para ti, Nico, es recomendable que, aunque no tengas sueño, te acuestes y leas un rato en la cama. No comas nada justo antes de acostarte, a veces tenemos pesadillas por este motivo.
Bueno, espero haberlos ayudado a los tres y que puedan superar sus problemas lo antes posible. Un saludo a todos los que nos están escuchando.

★ UNIDAD 3 ★

Pista 5
— ¡Hola, Ana! ¿Cómo estás? Imagino que es la primera vez que hablas en la radio, ¿verdad? Eres la presidenta más joven que ha pasado por nuestro programa. ¿Cuántos años tienes?
— ¡Hola! Sí, estoy un poco nerviosa. Tengo 14 años y…
— ¡No te preocupes! Piensa que aquí solo estamos tú y yo hablando. Cuéntanos, ¿por qué has venido a la radio?
— Pues… Bueno… yo represento a mi escuela… Quiero decir: a mis compañeros de la escuela.
— Claro, Ana, y ¿de qué nos quieres hablar?
— Yo quiero hablar de nuestros derechos. Los derechos de los más jóvenes a disfrutar de su tiempo libre y descansar. Ya tengo casi catorce años y en casa todavía no me dejan hacer lo que yo quiero en mi tiempo libre. No me dan libertad.
— ¿Qué quieres decir?
— En realidad, necesito hacer cosas con mis amigos fuera de clase, pero mis padres no quieren que esté sola en la calle muchas horas. No sé, me imagino que tienen miedo de que me pase algo. Veo que los que vivimos en la ciudad estamos demasiado controlados.
— Entiendo…
— Antes, cuando mis padres eran pequeños, salían solos a la calle para jugar con sus amigos. ¡Y estaban en la calle hasta la noche! Los amigos y las amigas que tengo en el pueblo donde paso mis vacaciones juegan solos en la plaza, en el parque, incluso hacen excursiones al campo, fuera del pueblo.
— Es verdad que aquí nos encanta estar en la calle. Pero, cuando hablamos de los más jóvenes, tener esa libertad puede ser peligroso, ¿no crees?
— Bueno, sí. Por eso necesitamos calles más seguras. Bueno… calles y parques grandes para hacer deporte, encontrarnos con los amigos, jugar…
— ¡Claro, claro, porque los jóvenes tenéis mucho tiempo libre!
— ¡Qué va! Tenemos un horario muy estricto, trabajamos muchas horas al día, más que vosotros. Además, siempre hay deberes para hacer en casa durante la semana, incluso los fines de semana y en vacaciones. ¡Nos acostamos muy cansados!
— ¡Vaya! Estoy sorprendido.
— La verdad es que queremos trabajar menos y tener más tiempo libre para hacer las cosas que más nos gustan.
— Como por ejemplo…
— Pues tiempo para jugar con mis padres, hacer deporte, excursiones, tocar la guitarra… A mí me divierte jugar a la Play con mi padre, es tan malo con los videojuegos que siempre pierde y nos reímos mucho.
— ¿Quieres decir algo más, para terminar?
— Creo que vosotros, los mayores, tenéis que cambiar vuestra forma de pensar. Siempre estáis diciendo que tenemos que ser más responsables, entonces tenéis que darnos más libertad.
— ¡Gracias, Ana!, ha sido un placer conocerte.

Pista 6

Primer fragmento:
Posiblemente, si preguntamos a los españoles qué les da la felicidad en su trabajo, para más de la mitad de los encuestados el sueldo es la respuesta. Sin embargo, cuando ya tienen cubiertos unos mínimos salariales, la necesidad de tener un buen sueldo ya no es tan importante, y sí lo es la satisfacción de hacer un trabajo que les motiva. (…)

Sengundo fragmento:
Es el momento de hablar de los jefes. Un mal jefe afecta negativamente a la productividad y al clima laboral. Que un jefe sea muy popular entre los trabajadores no significa que sea un buen jefe. Felizmente, existen jefes más invisibles, que no están detrás del trabajador todo el día. Estos son los que saben organizar las tareas, repartir funciones y dar autonomía y responsabilidad a sus trabajadores para que tomen sus propias decisiones.

Tercer fragmento:
Para ser feliz en el trabajo no solo se trata de crecer como professional, sino también como persona. Por eso hay que incorporar en los planes de empresa la conciliación y la flexibilidad laboral. Pero más importante es todavía cambiar la mentalidad hacia el trabajo. Los jóvenes lo tienen claro, con su mensaje «trabajar para vivir y no vivir para trabajar» y esta manera de pensar no debe tener edad.

★ UNIDAD 4 ★

Pista 7

— Yo creo que lo que más me ha cambiado ha sido viajar. Me he vuelto mucho más tolerante, ahora comprendo a los que piensan diferente a mí. ¡Ah!, bueno, y con tantos meses en Asia, me he vuelto vegetariana. ¿Y vosotros?
— Pues yo creo que antes era más egoísta, pensaba solo en mí y también era ambicioso profesionalmente. Gracias a mis hijos, me he convertido en una mejor persona. Aunque es verdad que me he vuelto más miedoso, quizás porque me preocupo por ellos y no quiero que les pase nada malo. Bueno, eso creo, ja, ja.
— Que sí, Aitor, que has cambiado mucho, de verdad. Pues yo no quiero parecer negativa, pero creo que a mí me han cambiado las experiencias y sobre todo las malas. Me he convertido en una persona mucho más positiva y agradecida con la vida. Ahora, me levanto cada mañana de buen humor. Y ya solo quedas tú, Juan…
— Os vais a reír, pero a mí me han cambiado algunos libros: aquellos de autoayuda, de verdad. Y bueno, desde que estoy en el grupo de teatro y tengo que representar a esos personajes… ¡me he vuelto más empático!

Pista 8

— A ver, os voy a describir la escena. Los dos protagonistas están en el jardín. Es un jardín romántico.
— ¿Entonces ponemos algunos árboles, flores y un banco, por ejemplo?
— Sí, y tiene que verse un poco de una muralla.
— ¿Una muralla?
— Sí, antigua, de piedra, que está al fondo; así se parece más al jardín de Salamanca.
— De acuerdo. Otra cosa, ¿Melibea está sentada o de pie? Lo digo por si el banco es decorativo o si se utiliza.
— Melibea está paseando cerca de una fuente con agua. Y recuerda que la escena es en el s. XV, o sea, que el banco debe ser de piedra y puede estar algo estropeado o roto.
— ¿Y la época del año, la hora? Lo digo por los árboles, las flores…
— Es primavera y es por la mañana.
— Vale, entonces ponemos flores y mucha luz.
— Estupendo. Sí, el ambiente tiene que ser alegre. Calixto está feliz de conocer a Melibea, aunque es verdad que ella está sorprendida por su presencia.
— Bueno, pues muchas gracias, voy a hablar con los actores…

Pista 9

Listo como un lince
Lento como una tortuga
Loco como una cabra
Fuerte como un toro
Orgulloso como un pavo real
Alto como una jirafa
Trabajador como una abeja
Pobre como una rata
Libre como un pájaro

★ UNIDAD 5 ★

Pista 10

Diálogo 1
— Oye, ¿sabes a qué hora llegamos a Manila? Es para reservar el hotel para esa noche.
— Sí, llegamos a las ocho de la tarde, hora local.
— ¿Y sabes cuántas horas hay de diferencia?
— No tengo ni idea, tendremos que informarnos.

Diálogo 2
— ¿Habéis leído algo sobre visados?
— ¿Visados? No sabía que necesitábamos un visado para Filipinas.
— Yo he leído que, si vas menos de un mes, no se necesita.

Diálogo 3
— Oye, ¿y sabes si necesitamos un adaptador para los enchufes?
— No sé nada de eso, pero podemos llevarlo, es muy pequeño, ocupa poco espacio.

Diálogo 4
— ¿Cuántas islas vamos a visitar? ¿Sabéis si es fácil ir de una a otra?
— Me imagino que hay barcos entre las islas y autobuses, pero no he leído nada de eso.
— No tengo ni idea, pero puedo mirar en algún blog de viajes.

Pista 11

— ¡Buenos días! ¡Sois un grupo numeroso! ¿Sois amigos? ¿A dónde vais?
— Somos parte del equipo español de pimpón, y vamos a Corea, a un campeonato.
— ¡Muy bien! Somos de la revista *Viajeros* y estamos preguntando sobre los incidentes de vuelo más frecuentes. ¿Qué tipo de problemas habéis tenido últimamente en vuestros viajes?
— Pues, hoy mismo, nuestro vuelo se ha retrasado dos horas. Así que tenemos mucho tiempo para responder a tus preguntas, ja, ja, ja.
— ¡Lo siento, chicos! Espero que podáis llegar a tiempo para el campeonato. ¿Y qué otras cosas os han pasado?
— La semana pasada fui a Londres el fin de semana para ver un musical, y cancelaron el vuelo de vuelta a Barcelona. Tuve que dormir en un hotel cerca del aeropuerto, quedarme un día más, y no pude ir a trabajar: ¡un desastre!
— ¡Sí, lo recuerdo muy bien! Pues yo recientemente no, pero hace dos años, en un viaje a Moscú, olvidamos los pasaportes en casa y no pudimos coger el avión.
— ¡Vaya! Imagino que ya habéis comprobado que lleváis la documentación!, ¿verdad?
— Sí, sí. ¡Comprobado! A mí, el mes pasado, cuando fui a Lisboa, me perdieron la maleta y todavía no la he recuperado. ¡Aún estoy esperando!
— Pues eso no me ha pasado nunca a mí y no recuerdo un problema en particular, pero no me gusta pasar el control y sacar el portátil, la tableta… quitarme los zapatos o incluso abrir la maleta. Me pongo muy nervioso.
— Bueno, ¡os ha pasado casi de todo! Espero que ganéis ese campeonato. ¡Suerte! Gracias a todos por vuestra participación.

TRANSCRIPCIONES
★ EXPERIENCIAS 8 ★

VÍDEO

★ UNIDAD 1 ★

Españoles por el mundo

Del minuto 20:22 al 22:02

Soy Silvia. Cuba te enamora o no la soportas. A mí me enamoró y aquí estoy. Han pasado 18 años. Y ahora tengo una escuela de baile. Me quedo con la gente, es lo mejor que tiene Cuba.
– Hola, ¿qué tal? Me has cogido en plena clase. Esto es una Rueda de Casino: la salsa cubana, pero bailada en parejas intercambiándose todo el tiempo.
Es la Casa del Son, es una casa colonial de 1715, la fui rehabilitando poco a poco y (que) se ha convertido al final en una escuela de baile.
Toqui empezó aquí conmigo picando el muro y ahora se ha convertido en uno de mis principales profesores de aquí, de la escuela.
Trabajamos básicamente con extranjeros. Gente que viene a tomar clases de baile de forma exclusiva en sus vacaciones.
Son de la India.
You are on vacation, here?
Yes. To dance and learn Spanish, for two weeks.

Del minuto 23:20 al 23:55

El casco histórico de la Habana Vieja es esto, es la gente en las puertas, en sus casas abiertas. Tiene vida, tiene vida propia. El cubano es especial. Es diferente a cualquier otro país latinoamericano. El cubano es orgulloso. Es gente con mucho carácter, con mucha fuerza. Muy especial.

Extraído de www.rtve.es/alacarta

★ UNIDAD 2 ★

Cacao, la bebida de los dioses

Del minuto 00 al 02:10

Una de las bebidas más conocidas en el mundo es el chocolate. Para las creencias indígenas, esta era una bebida de los dioses: su sabor proviene de la semilla del cacao, una pequeña planta que se cultiva en varias zonas del país.
– Mire, aquí tenemos el cacao, este es el cacao natural. Normalmente, el cacao tiene 20 o 30 almendras por vaina. Esto es una vaina: de aquí se libera el cacao. Hace 4000 años, nuestros antepasados en México (los mayas, los olmecas, los toltecas…) hacían el cacao con chile y con maíz y se llamaba *chocolato*. El *chocolato*, su definición es alimento de los dioses. Lo usaban en ceremonias fúnebres, en eventos importantes, tipo bodas. También hay que recordar que se usaba para trueque, como moneda y este… Y cuando llegan los españoles, después de que nos descubren y encuentran cómo lo usábamos, ellos, en un proceso de 50 años, le incorporan el azúcar y le quitan el chile y el maíz y generan el chocolate. Lo llaman *chocolate* porque en México se llamaba *chocolato*.
La gastronomía mexicana contempla las semillas del cacao, por lo que podemos encontrarlo en diferentes tipos de mole, pero el chocolate es el más famoso. Se prepara siguiendo las tradiciones y se acompaña con agua o leche, dependiendo del gusto de las personas.
– Un buen ejemplo en muchos pueblos, en el sur de México, se llama chilate con arroz, *tazcalate*, *pozol*, *tejate*. Son bebidas prehispánicas con maíz y con cacao. Cuando lo usamos con el mole, tradicionalmente con el mole (mole negro, mole rojo y mole coloradito, por ejemplo en Oaxaca) lleva cacao y, cuando se lo incorporamos a una tortilla o al maíz, son los tres principales ingredientes del chocolate. Esto quiere decir que las tradiciones han venido año tras año, tras año, siglo tras siglo en nuestra comida mexicana y hoy las tenemos todos los días y vienen del chocolato.

Extraído de https://www.youtube.com

★ UNIDAD 3 ★

Bendita siesta

Hasta el minuto 2:30

Y de médico de familia a médico de familia, porque hoy es miércoles, tenemos con nosotros a Darío Fernández.
– ¡Muy buenas, Darío!
– Buenas.
– ¿Qué tal…? Que has estado una semanita de vacaciones, que no está mal.
– Echándome unas espléndidas siestas.
– Una espléndida siesta y ¿saben por qué lo dice? Porque de siesta vamos a hablar: bendita siesta, diría yo. Oye, ¿y esto de la siesta qué es, un invento chino, o un invento español o de…? ¿A quién se le ocurrió la genial idea?
– Pues, mira, español no. Los españoles hemos inventado muchas cosas: un español inventó el Chupa Chups, la fregona, la jeringuilla desechable, el autogiro…
– El futbolín, se me está ocurriendo.
– También, pero la siesta no. La siesta ya se practicaba en la antigua Roma y la practicaban los *ociosi*, aquella gente que andaba bien económicamente. Atendía sus negocios por la mañana y por la tarde, después de comer, se echaba su siesta y luego se iba a las termas, al teatro y tal… Pero fue san Benito el que lo copió de la hora sexta romana y de ahí viene el que se lo inculcó a sus monjes para que luego, por la tarde, estuvieran bien concentrados y atentos y copiaran esos códices sin ningún fallo. Por eso, tú, Marta, puedes leerlos ahora y no verás ningún borrón en esos códices, en esos manuscritos.
– Bueno, yo creo que la pregunta es obvia. O sea, la respuesta a la pregunta que te voy a hacer es obvia: ¿pero es buena la siesta?
– La siesta es buena, pero con unas condiciones. Mira, hay que echársela entre las tres y las cuatro de la tarde, porque, si no, luego nos va a costar coger el sueño. ¿Dónde echártela? Pues, mira, sí te la puedes echar en el sofá, puedes echártela en un sillón reclinable, pero no debes echártela encima de tu escritorio o en la cama, porque luego vas a asociar la cama con el dormir y no es bueno.
– O sea, en cama, siesta, nada.
– Cama solamente para dormir y amar. Y luego, ¿cómo…? Pues, mira, apaga el móvil, apaga el televisor. Si tienes alguna cosa pendiente, anótalo en una libretita, déjala ahí, doblada, y…
– Porque a veces cuando nos echamos la siesta es el momento (en) que empiezas (con) las cosas que me quedan pendientes por hacer, ¿no?
– Claro, efectivamente. Y todas las cosas que tienes pendientes sin hacer, ya las tienes anotadas en una libretita.
– O sea, que mejor anotarlas.
– Anotarlas y dejarlas ahí para después y… con poca luz. Si puede ser un ambiente tenue y relajante, mejor. Y un ruido, ruido blanco, un ruido grave y repetitivo

que puede ser pues el del ventilador. No vale el del televisor, no vale el de las películas de…, digo de los programas de La 2, de los animales, no vale porque sí que te distrae, pero sigues ahí teniendo unos estímulos que te pueden interferir. ¿Y cuánto?
– Esto, esto es lo definitivo.
– Pues mira: más de 30 minutos va a ser peligroso, porque luego te va a dificultar coger el sueño y vas a entrar en una fase profunda del sueño que te va a complicar el despertar.
– O sea, que no más de 30 minutos, Darío.
– No más de 30 minutos.

Extraído de www.telemadrid.es/programas

★ UNIDAD 4 ★

El amor brujo, fusión entre lo clásico y lo moderno

Del minuto 0:23 al 2:00
– El próximo día 12 llega a Sevilla *El amor brujo* de Falla en versión Fura dels Baus, el montaje estrenado el pasado mes de julio en el festival internacional de música y danza de Granada. El drama de amor y celos, escrito por Manuel de Falla hace ahora un siglo, lo vivimos ahora en la voz de la cantaora granadina Marina Heredia.
(Voz en *off*) Estrenado en abril de 1915, *El amor brujo* es hijo de una época convulsa, pero el genio gaditano, Falla, dibuja aquí un drama lírico: nos habla de amor y de celos, una pieza musical compuesta para Pastora Imperio en el papel de Candela.
– (Voz de Marina Heredia cantando) Soy la voz de tu destino.
(Voz en *off*) Candela es aquí Marina Heredia, que afronta por primera vez un reto como actriz y lo hace, en un montaje de La Fura, marca de la casa.
– (Habla Marina) La puesta en escena no tiene nada que ver con lo que hayamos visto antes. Es una puesta en escena en donde hay agua en el escenario, donde hay fuego, donde hay una grúa de 25 metros que interactúa con los que estamos en escena, que en un momento dado a mí me sube para arriba, me baja, baila… En fin, es distinto.
(Voz en *off*) Sobre un fondo de imágenes de un cineasta de leyenda, José Val del Omar, la guitarra de José Quevedo, la joven orquesta de Andalucía, el cante, el baile, el fuego, el agua y la palabra. Elementos naturales de esta fábula inclasificable que se ha convertido en una de nuestras joyas más internacionales y que recorrerá el mundo en los próximos meses.

Extraído de https://www.youtube.com

★ UNIDAD 5 ★

El Transcantábrico, un tren de lujo

Hasta el minuto 1:54
(Voz en *off*) El recorrido empieza en San Sebastián, realiza 12 paradas en 700 kilómetros, hasta Santiago de Compostela.
– ¡Vaya lujo! Esto es como un hotel de cinco estrellas, Teresa.
– Es un hotel de cinco estrellas rodante.
– ¡Qué estrecho! ¿Cuánto tenéis que recorrer para llegar a vuestras habitaciones?
– Pues son siete coches completos los que tenemos que recorrer hasta llegar al furgón de servicio.
Todo en el tren nos retrotrae a principios del veinte.
– (toc, toc, toc) Hola, Cristina. ¿Nos invitas a pasar?
– Claro, adelante.
– ¡Bueno, vaya habitación tienes!, ¿no?
– Sí.
– No está mal.
– Está muy bien.
– Tenemos un cuarto, un saloncito, ¿y baño también?
– Hay un baño ahí, sí con ducha… No es muy grande, pero bueno está, está bastante bien para estar dentro de un vagón.
– Bueno, ¡pero si tienes hasta ducha de hidromasaje!
– Claro, sí, sí. Pues yo he venido a hacer un reportaje fotográfico sobre el Transcantábrico.
– Pasear por estos vagones es como trasladarte a otra época.
– Sí, de hecho, están decorados en base a su origen, que son de 1920-1930.
– Pero con lujos… de nuestro tiempo…
– ¿Qué estáis elaborando ahora, de entrante?
– Pues, de entrante, ha salido ahora mismo una crema de nécoras. Y ahora tenemos una ensalada de escarola con ventresca de atún y manzana.
– ¿De dónde sois?
– De México, venimos de la Ciudad de México.
– ¿Y habéis venido a España exclusivamente a hacer este viaje?
– Exclusivamente.
– Desayunáis en el tren, siempre.
– Siempre.
– ¿Y luego?
– Después, diversos *tours*.
– Excursiones.
– Nos van dando excursiones, una experiencia diferente cada día.
– ¿Qué es lo que pagas?
– Aquí pagas todo, porque todo es de lujo.

Del minuto 2:22 al 2:44
– Yo lo tengo encargado desde octubre.
– ¿Con tanto tiempo? ¿Tanta antelación para reservar?
– Sí, sí, es que son solo…, o sea, para 14 parejas.
– ¿Cuánto cuesta el Transcantábrico gran lujo desde San Sebastián a Santiago de Compostela?
– Pues en torno a 9000 euros, tan solo.
– Para dos personas.
– Para dos personas.
– ¿Tan solo?
– Tan solo, tan solo.
– No apto para todos los bolsillos.

Extraído de www.rtve.es/alacarta

Primera edición: 2019

© Edelsa, S. A: Madrid, 2019
© Autoras: Encina Alonso Arija, Eugenia Alonso Arija y Susana Ortiz Pérez

Equipo editorial
Coordinación: María Sodore
Edición: María Sodore
Diseño de cubierta: Carolina García
Diseño y maquetación de interior, unidades: Lidia Muñoz
Maquetación de páginas finales: GRAFIMARQUE, S.L.
Corrección: Natalia García

Fotografías: 123RF.
P. 5 Guggenheim Bilbao [luisrsphoto]©123RF.COM, p. 7 fuente de Cibeles [bloodua]©123RF.COM, p. 34 Valencia, Ciudad de las Artes y la Ciencia [Ivan Soto]©123RF.COM, p. 41 foto 1: El avaro, Cordon Press, foto 4: Sello impreso en Alemania, Mefistófeles y Fausto [Sergey Galyamin]©123RF.COM, Foto 6: Don Juan Tenorio [joserpizarro]©123RF.COM, p. 42 El teatro romano, Mérida [María Luisa López Estivill]©123RF.COM, Cubierta de La Celestina de ediciones Cátedra, p. 43 escena de La Celestina, Enríquez, S./Anaya; p. 51 foto 1, 2, 3 y 4: La Fura dels Baus, Bucarest[photosebia]©123RF.COM; p. 53 pie de foto: La isla de las palomas: Tarifa, Spain [arenaphotouk]©123RF.COM; p. 63 tren de la vendimia en Soller [marina113]©123RF.COM; palacio de la Alhambra[Aleksandrs Tihonovs]©123RF.COM; Alcalá de Henares [Ruben Martinez Barricarte]©123RF.COM; p. 68 Bucarest[photosebia]©123RF.COM, p.69 interior del vagón de tren de lujo antiguo [Vladimir Nenezic]©123RF.COM

Audio
Locuciones y montaje sonoro: Bendito Sonido
Voces: Olga Hernangómez, Ángel Morón, Nancy Sarmiento (Colombia), Eduardo Noda (Venezuela)

ISBN: 978-84-9081-380-5

Depósito legal: M-20745-2019

Impreso en España/*Printed in Spain*

- Las normas ortográficas seguidas en este libro son las establecidas por la Real Academia Española en su última edición de la *Ortografía*.
- La editorial Edelsa ha solicitado los permisos de reproducción correspondientes y da las gracias a todas aquellas personas e instituciones que han prestado su colaboración.
- Las imágenes y documentos no consignados más arriba pertenecen al Departamento de Imagen de Edelsa.
- Cualquier forma de reproducción de esta obra solo puede ser realizada con la autorización de la editorial, salvo excepción prevista por la ley. Diríjase a CEDRO (Centro Español de Derechos Reprográficos, www.cedro.org) si necesita fotocopiar o escanear algún fragmento de esta obra.